Ingo Ossendorff

# Lernziel Außenpolitik

Beiträge zur Konzept- und Zieldiskussion

*Für ein paar Muße stunden*

*Euer*
*Ingo*

# Politikwissenschaft

Band 26

LIT

Ingo Ossendorff

# Lernziel Außenpolitik

Beiträge zur Konzept- und Zieldiskussion

LIT

Die Deutsche Bibliothek – CIP-Einheitsaufnahme

*Ossendorff, Ingo*
Lernziel Außenpolitik : Beiträge zur Konzept- und Zieldiskussion / Ingo Ossendorff . – Münster ; Hamburg : Lit, 1994
  (Politikwissenschaft ; 26)
  ISBN 3-8258-2054-8

NE: GT

© LIT VERLAG  Dieckstr. 73   48145 Münster   Tel. 0251–23 50 91
              Hallerplatz 5  20146 Hamburg   Tel. 040–44 64 46

Meinem Sohn

Robert gewidmet

Die KSZE ist der Rahmen für den Aufbau einer Friedensordnung von Vancouver bis Wladiwostok. Sie bietet den Rahmen für eine umfassende Zusammenarbeit in Politik, Wirtschaft, Umweltschutz, Gesellschaft und Kultur. Mit der "Charta von Paris" haben sich erstmals alle Staaten Europas verbindlich auf die Prinzipien von Demokratie, Menschenrechten und Marktwirtschaft festgelegt und ein Arbeitsprogramm für die Schaffung einer dauerhaften und gerechten europäischen Friedensordnung beschlossen.
(Bundesminister der Verteidigung Volker Rühe vor der Versammlung der Westeuropäischen Union am 3. Juni 1992)

# INHALTSVERZEICHNIS

**Seite**

Einleitung ................................................................................. 9

**Totalitarismus-Kolonialismus-Umwelt-Drogen- Instabile Regime**
Kapitel 1    Das rote Relikt der Karibik: Kubas Castro ................. 13
Kapitel 2    Die Karibik-Last der Vergangenheit ......................... 23
Kapitel 3    Rio de Janeiro-Die größte Umweltkonferenz aller Zeiten ...... 33
Kapitel 4    Veränderungstendenzen in Lateinamerika ................. 45

**Aggression-Umwelt-Abschreckung**
Kapitel 5    Wächter am Kap Horn und die Schätze der Antarktis .......... 61
Kapitel 6    Schutz für den weißen Kontinent Antarctica ............... 77
Kapitel 7    Die Falkland-Malwinen zehn Jahre nach dem Streit ............ 87

**Kollaboration-Zensur-Widerstand-Formen des Widerstandes**
Kapitel 8    Medienzensur im Krieg von heute ........................... 95
Kapitel 9    Sahnefront: Sonderfall Dänemark ............................103
Kapitel 10   Verteidigung einer Demokratie alternativ .................113
Kapitel 11   Gedanken zum Begriff "Kollaboration" ......................139

**Neues Deutschland-neue Handelsstrukturen-Rassismus-Minderheiten**
Kapitel 12   Deutschland im Wandel der Zeit .............................145
Kapitel 13   Vereinigt stark: Neue Handelsstrukturen ..................175
Kapitel 14   Minderheitenschutz beispielhaft ............................183
Kapitel 15   Gezielt gegen den Rassismus:
             Der Nobelpreis für Völkerfrieden ...........................193

Schlußwort ................................................................................. 203
Anmerkungen und Literatur ................................................................. 205
Anhang ................................................................................... 219

# Vorwort

Die Erkenntnis, daß Völkerverständigung die Grundlage nicht nur zur Lösung des Streits um die Falkland-Malwinen Inseln sondern auch um die Zukunft der Antarktis war, hatte zur Konsequenz, daß ich meine Thesen in Form eines Vortrages hierzu 1987 im Ibero Club Bonn vorstellte. Zum Zeitpunkt meines Besuches der Antarktiskonferenz in Bonn 1991 auf Einladung des Auswärtigen Amtes, hatte man sich bereits auf eine Regelung geeinigt, die 1987 noch weit entfernt schien.-Ebenfalls in den achtziger Jahren kam die Vorstellung einer alternativen Verteidigung verstärkt in die Diskussion, ohne aber besondere Bedeutung zu erlangen. Ein Fallbeispiel behandelt den Kernbereich und zeigt die Schwachstellen.-Unmittelbaren Zusammenhang zu meinem Guatemala-Aufenthalt hat meine Stellungnahme zum Rassismus gegenüber den bedrohten Indio-Völkern. Hierbei erscheint wichtig, daß im Hinblick auf das Schicksal der birmanischen Friedensnobelpreisträgerin von 1991, Aung San Suu Kyi, die 1993 noch unter Arrest verbrachte, die öffentliche Aufmerksamkeit für Rigoberta Menchu nicht nachlassen sollte. -
Motiviert zur Veröffentlichung hat mich dankenswerterweise die Diskussionsveranstaltung der Deutschen Atlantischen Gesellschaft über Deutschlands Verantwortung für den Frieden als souveränes Mitglied der Völkergemeinschaft Anfang des Jahres 1993. Außer dem Vorsitzenden des auswärtigen Ausschusses im Bundestag Hans Stercken diskutierten Brigardegeneral Reindl von der NATO-Vertretung in Brüssel, der stelv. Leiter des Planungsstabes des Verteidigungsministeriums Weise, General a.D. De Maizière sowie Generalvikar Niermann und Generaldekan Ottemeyer für die beiden Kirchen unter der Leitung von Rolf Klement vom Deutschlandfunk. Gedankt sei auch Herrn Michael Bollig, der kompetent bei Layout und Texterfassung mitwirkte, sowie meiner Familie für vielerlei Rücksicht.

Bonn, im Januar 1994                      I. O.

# Einleitung

In den nun folgenden Texten werden wesentliche, politisch bedeutsame Probleme einer Zeit angesprochen, in der die Ausläufer des Ost-West-Konfliktes nur noch sehr schwach in Erscheinung treten und das Ende der Nachkriegszeit mit seinen revolutionären Erscheinungen an Kontur gewinnt und sich manifestiert hat.

Der erste Beitrag gilt einem der letzten Relikte aus den Zeiten des kalten Krieges. Immer wieder eine wenn auch zunehmend geringfügigere internationale Bedeutung hat Kuba. Will man die Bedeutung Kubas richtig einschätzen, so muß man sie aus der exponierten revolutionären Frontposition der Ost-West-Konfrontationszeit beurteilen. Castro hat seine Anhängerschaft in dieser Zeit besonders unter den Ländern der dritten Welt erworben, als Garant für antiimperialistische Politik, die oft gegen westliche Industrieländer gerichtet war. Man nehme zur Kenntnis, daß Fidel Castro auf der Umweltkonferenz in Rio de Janeiro 1992, den bei weitem meisten Applaus bei seinem Auftritt bekommen hat. Die westlichen Industrieländer dagegen saßen auf der Anklagebank. Während Kuba eine besondere Bedeutung zukommt, ist die Karibik nicht nur historisch sondern auch heute noch eng mit Europa verbunden. Das beinhaltet nicht nur Emanzipationstreben sondern auch Abhängigkeiten.-

"Fünfhundert Jahre Lateinamerika", es jährte sich das Ereignis der Entdeckung durch Kolumbus von 1492 und eröffnet die Chance einer Momentaufnahme von dringenden Problemen und deren Lösungsversuche. Das Armenhaus, insbesondere der sogenannte "Hinterhof" der Vereinigten Staaten ist äußerst problembeladen. Schulden, Rauschgift und instabile politische Systeme erscheinen als bedrückende Gesichtspunkte in dieser von der Natur so reich begüterten Region.

Ebenfalls am Anfang des Buches steht eine Abhandlung zum Falkland / Malwinenkonflikt, dessen Bedeutung insbesondere in seinen Auswirkungen auf Großbritannien und seiner Haltung zu einem vereinigten Europa zu sehen ist. Großbritannien fühlt sich trotz der zögerlichen Politik einiger europäischer Nachbarn gestützt und ernst genommen. Wenn auch die Meinungen über die Bedeutung der Inseln auseinander gehen, so ist man in der Verurteilung des argentinischen Angriffs im April 1983 doch nahezu einhellig. Mittlerweile haben alte britische Argumente, welche die Inseln als Wachtposten am Kap Horn und als Sprungbrett zur Antarktis sehen an Bedeutung verloren. Die Auflösung des Ost-West-Gegensatzes und die Einigung der Antarktisstaaten, welche eine Ausbeutung durch Bergbau auf fünfzig Jahre untersagt, förderten diese Entwicklung.

Der Krieg als Mittel der Politik mag zwar geächtet sein,- überholt ist er leider auch nach dem Ende des Ost-West-Konfliktes noch nicht. Immer wieder wird den Massenmedien, denen eine zunehmende politische Bedeutung zugemessen wird, die Berichterstattung erschwert und damit das wahre Ausmaß des jeweiligen Konfliktes verschleiert. Die Anprangerung jener besonders verwerflicher Taten von Kriegsgegnern (Massaker etc. )sollte auch zukünftig zu sichern sein.

Jahrelang latent in der Diskussion, insbesondere im Anschluß an den NATO Doppelbeschluß, der auch die Stationierung neuer Nuklearwaffen vorsah, waren völlig neue Arten der Verteidigung. Bei der Erörterung neuer Möglichkeiten sind auch historische Beispiele erwähnenswert. Mit Dänemark gibt es ein historisches Beispiel einer kollaborierenden Regierung, die im Laufe des II. Weltkrieges von zunehmend widerstandsorientierten Bevölkerungsteilen hinweggefegt wird. Ein Berliner Hochschullehrer verdichtete die historischen Beispiele zu einer Strategie. Wenn ich anhand des Beispiels Dänemark dazu Stellung nehme, soll dies nicht lediglich als Widerlegung des Konzeptes aufgefaßt werden, sondern als Denkanstoß zur Problematik. Gerade im Blick auf das DDR-Regime sind die Gefahren, denen Widerstand und Opposition ausgesetzt waren, erneut deutlich geworden. Aber auch Kollaboration und Mitläufertum.

Will man die Nachkriegszeit in der Außenpolitik Deutschlands richtig werten und verstehen, so sind gewisse Determinanten Vorraussetzung, die im abschließenden Kapitel aufgezeigt werden. Eine neue, der gewachsenen Bedeutung Deutschlands angepaßte Außenpolitik kann sich auf solide Fundamente stützen. Nur vorsichtige außenpolitische Aktionen sind dazu angetan den mit immensem Aufwand verbundenen Aufbauprozeß im Osten Deutschlands abzusichern. Insbesondere geht es darum die wirtschaftliche Leistungsfähigkeit in internationalem Wettbewerb zu erhalten und dem Frieden zu dienen. Es bleibt für das zukünftige Deutschland übrig, einen erweiterten Begriff von Sicherheit zu entwickeln.

# 1. Kapitel

## *DAS ROTE RELIKT DER KARIBIK:*

## *KUBAS CASTRO*

# DAS ROTE RELIKT DER KARIBIK: KUBAS CASTRO

Als im Jahre 1959 die Revolution in Kuba unter der Leitung des "maximo lider" Fidel Castro das korrupte Batista Regime hinwegfegte, und ein kommunistisches System installiert wurde, hielten viele dies für den Anfang eines Umschwungs in Lateinamerika.-In der Tat hielt die Zuckerinsel zwischen den Amerikas eine Reihe brisanter Überraschungen bereit, die Umstürze verursachten, Bürgerkriege anheizten und die Welt in der besonders spektakulären Raketenkrise von 1962 an den Rand des atomaren Abgrundes führten. Stellvertretend seien hier die Unterstützungen von Guerillabewegungen durch Ernesto Che Guevara Serna genannt. Später (ab 1975) setzte Castro die mit sowjetischer Hilfe ausgebaute kubanische Armee in Afrika zur Unterstützung vieler kommunistischer Befreiungsbewegungen und Regierungen ein, was langwierige Bürgerkriege in Angola und Äthiopien zur Folge hatte.

Einige zum Teil erstaunliche Fakten seien zu diesem von sowjetischen Wirtschaftshilfen weitgehend abhängigen Land noch genannt: Als sich 1989 die Revolution zum dreißigsten Mal jährte, hatte Fidel Castro als Staats- und Parteichef sowie als Oberbefehlshaber der Streitkräfte bereits die Amtszeit von sieben Präsidenten der Vereinigten Staaten von Amerika überdauert. Dies gelang trotz schwerer wirtschaftlicher Krisen und gegen die ablehnende Haltung der USA. Stützen konnte sich das Regime auf eine Wehrpflichtarmee von 227 000 Mann Gesamtstärke und paramilitärische Kräfte von 113 000 Mann, also eine insgesamt recht umfangreiche Streitkraft, wenn man sie in Relation zur Gesamtbevölkerung von rund zehneinhalb Millionen Einwohnern setzt. Insbesondere die gesellschaftspolitische Experimentierfreudigkeit der Commandantes sorgte innenpolitisch häufig für Rückschläge und Krisen, die letztenendes das Bild Kubas noch heute prägen. So wurden in der Zeit des nachrevolutionären Kuba die Institutionen und Mechanismen der Wirtschaft wiederholt radikal geändert und den folgenden drei Grundmodellen angepaßt:

Das klassische sowjetische Planungssystem, dessen Grundlagen bereits in den dreißiger Jahren zu der Zeit der stalinistischen Sowjetunion praktiziert wurden, dauerte von 1959 bis 1965. Danach ging die Regierung zu einem kriegskommunistischen Mobilisierungsregime über, welches Ähnlichkeiten mit der chinesischen Wirtschaft während der Kulturrevolution aufwies, dem allerdings nur fünf Jahre Lebensdauer beschieden war (bis 1970). Endlich kam man wieder auf den Nachbau des sowjetischen Modells zurück, an dem jedoch pragmatische Veränderungen vorgenommen wurden.

Die Konsequenzen der jeweiligen Experimente lassen sich im wesentlichen kurz darstellen. In der ersten Phase von 1959 bis 1965 ging die für das schwach industrialisierte Kuba lebenswichtige Agrarproduktion von 100 auf 76,8 Prozentpunkte zurück.-Der mit der zweiten Phase 1959-1970 schwerpunktmäßig verbundene Zuckerplan, der Kubas Exporterlöse sichern sollte und eine Produktionssteigerung von 6 Mio. auf 10 Mio. Tonnen verlangte, wurde nicht nur um 15 Prozent verfehlt, vielmehr wiesen eine erhebliche Anzahl von Industrie- und Agrarerzeugnisse einen katastrophalen Rückgang auf, so daß der 1970 erfolgende ordnungspolitische Kurswechsel nahezu zwangsläufig erfolgte. Fidel Castro ging in seiner Selbstkritik nach diesem ökonomischen Reinfall sogar soweit, Irrtümer und Wunschdenken auf seiner Seite einzuräumen und seinen Rücktritt anzubieten.

Die Institutionalisierung der kubanischen Revolution nach sowjetischem Vorbild folgte zu Beginn der siebziger Jahre, und von 1974 an wurde der erste Fünfjahresplan für 1976-1980 ausgearbeitet. Eine Verringerung der Investitionen auf dem Zuckersektor kam den Bemühungen um weitere Industrialisierung zugute. Dennoch kam auch hier bereits 1986 die Ernüchterung. Castro gestand ein, daß es ein Fehler gewesen sei, blind auf die Mechanismen des neuen Plansystems zu vertrauen. Die Erziehung des Menschen wollte er nun in den Mittelpunkt rücken, bei seiner neuen Gegenoffensive gegen die "Neokapitalisten". Deutlicher ließ sich das Scheitern des Regimes gar nicht darstellen: da wo das Regime versagte hatte also die "Erziehung" versagt. Mit seiner Wendung gegen den "Neokapitalismus" ließ er 1986 zugleich die freien Bauernmärkte verbieten, die ab 1980 die Versorgung der Bevölkerung mit Lebensmitteln wenigstens etwas abwechslungsreicher und reichhaltiger gestaltete. Es war die Auseinandersetzung zwischen zwei Gruppen, den "Moralisten" um Castro und den Pragmatikern um Carlos Rafael Rodriguez, in der der Maximo Lider die Oberhand behielt. So läßt auch der Fünfjahresplan von 1986 bis 1990 erkennen, daß eine Rückkehr zu den Denkmustern der sechziger Jahre erfolgte, dem die Zentrale Planungskommission Rechnung trug. Jede private Wirtschaftstätigkeit, auch von Handwerkern, Ärzten, Architekten u. a. sollte abgewürgt werden.

Es ist aber nicht nur die Planwirtschaft, die bei immer komplizierter werdenden Wirtschaftsvorgängen mit der Planung versagt und im innenpolitischen Bereich demotivierend wirkt. Auch wegen des hohen Anteils, mit dem Kuba vom internationalen Markt abhängig ist, ergeben sich zunehmend Probleme. Die Weltmarktpreise entziehen sich der

Beherrschbarkeit durch Planung, die ja auf Vorhersehbarkeit angewiesen ist. Weltmarktpreise und Importbeschränkungen von Abnehmerländern sowie zukünftigen Lieferanten lassen sich wenig beherrschen. Da verwundert kaum, daß sich Kuba von den langjährigen Stützen der eigenen Wirtschaft verlassen fühlt, wie der Präsident der kubanischen Handelskammer Julio Garcia Oliveras unlängst feststellte.

Eine Konsequenz aus dem Dilemma der abbröckelnden Handelsbeziehungen zu den ehemaligen sozialistischen Staaten ist der Versuch der Commandantes, engere Verbindungen mit den kapitalistischen Nachbarn in der Karibik zu knüpfen. So wurden 1990 wieder diplomatische Beziehungen zu Jamaica aufgenommen und eine Tourismusdelegation aus den Bahamas empfangen. Auch die nach der Intervention der Vereinigten Staaten neu installierte Regierung auf Grenada von Prime Minister Nicholas Brath erfuhr kubanische Anerkennung. All das vor dem Hintergrund, daß noch in der ersten Hälfte der achtziger Jahre kubanische Soldaten den grenadischen Flughafen ausbauen halfen und ein kommunistisches Regime unterstützten mit Bürgerkrieg und Aufruhr in dem kleinen Staat. Heute interessiert sich Kuba vehement für Kooperationsmöglichkeiten innerhalb des CARICOM (Caribbean Common Market) insbesondere im Bereich Wissenschaft, Medizin und Tourismus. Der Linienverkehr zwischen Kuba und seinen karibischen Nachbarn erfolgt auf dem Luftwege regelmäßig durch die CUBANA Linie nach Guayana, Jamaica, Barbados und Santo Domingo.

Seit der mit Castro schon seit den siebziger Jahren befreundete Michael Manley auf Jamaica die Macht erneut in Händen hält, sind auch die Beziehungen dieser beiden Staaten wieder betont

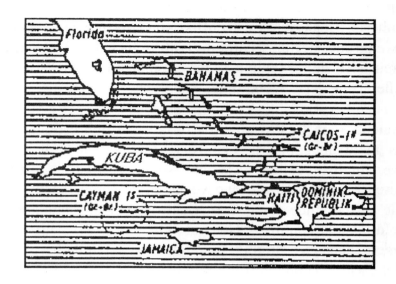

herzlich. Wenn auch Manley nicht mehr im alten sozialistischen Fahrwasser steuert, ist die Öffnung der Botschaft Kubas, die der Vorgänger Seaga schließen ließ, ein untrügliches Zeichen. Lediglich Jamaicas Tourismus hegt noch Vorbehalte gegen aufkeimende kubanische Konkurrenz.

Wenn man die wirtschaftlichen Integrationsbemühungen Kubas und die positive Haltung Castros zu den Friedensbemühungen in Mittelamerika in Rechnung stellt, andererseits aber seine starre Haltung auch gegenüber dem sowjetischen Perestroika Gedanken und sogar internen Realismus-Vorstellungen deutlich wird, kommen Zweifel. So kommt die Frage auf, ob Kuba seine Wirtschaft trotz des herrschenden Systems wird sanieren können. Immerhin befindet sich Castros Kuba trotz seiner geographischen Nähe zu den USA inmitten einer historisch gewachsenen Armutszone, die von vielen als "Zeitbombe" gedeutet wird. Soziale Konflikte gab es in dieser Region schon lange Zeit bevor sich Fidel Castro Ruz auf der Zuckerinsel etablierte. Der Ost-West-Konflikt war hier nur ein zusätzlicher Beweggrund, der jetzt entfällt. Trotz schlechter Wirtschaftslage erfreut sich der "Maximo Lider" immer noch der Zustimmung großer Teile der Bevölkerung.

Dennoch kann Castro, die charismatische Führerfigur, mit der aber nicht unbedingt das ganze Regime fallen muß, nicht als unverwundbar gelten. Als im Sommer 1989 Kokainfunde Spuren bis ins Zentrum der Macht offenlegten, dachten schon viele an das Ende einer Ära. Nicht nur der in Angola erprobte "Held der Republik" General Ochoa wurde hingerichtet, sondern auch der dreißig Jahre für die persönliche Sicherheit Fidel Castros verantwortliche General Josè Abrantes mußte sein Leben lassen. Eine große Zahl führender Militärs wurden daraufhin in den Ruhestand versetzt.

Sein angekratztes internationales Image konnte Kuba durch seine Rolle als Veranstalter der Panamerikanischen Spiele 1991 aufpolieren. Rund fünftausend Sportler zahlreicher amerikanischer Nationen (auch der USA) lieferten sich Wettkämpfe.
Als während des Besuches von Michail Gorbatschow in Havanna vom 2. bis 5. April 1989 die gemeinsame Überzeugung formuliert wurde, daß jedes sozialistische Land das Recht auf seine eigene Politik habe, sicherte sich Castro noch einmal die Unterstützung seines wichtigsten Verbündeten. Freilich war die Einstellung des Revolutionsexports wichtige Maßgabe. Wenn also Fidel Castro seine Losung "Tod oder Sozialismus" auch weiterhin verbreitet, so kann sie nur innenpolitisch gemeint sein. Castro zeigt damit letztlich eine Art von Flexibilität, die ihm und seinem System seit Jahrzehnten das Überleben erleichtert und wandelt sich gleichzeitig außen-

politisch vom Saulus zum Paulus. Diese Wandlung macht ihn zunächst einmal für seine Umgebung ungefährlich. Dennoch ist eine endgültige Befriedung der Region erst dann anhaltend möglich, wenn ihre Grundursache, die Armut beseitigt ist. Spätestens dann hat wohl auch ein derart gestaltetes, anachronistisches System keine Resonanz mehr bei der Bevölkerung.

Ihre eigene Vorstellung von der Ablösung des Castro Regimes haben Exilgruppen kubanischer Nationalität im Südwesten von Miami. Von ihrer sicheren Basis im Süden der USA führen sie Sabotage- und Kommandounternehmen auf kubanischem Boden durch und trainieren unter hohem Kostenaufwand den Ernstfall einer Invasion. Die wenige tausend Mann starke Alpha 66 stellt zwar faktisch keine besondere Bedrohung für die gut ausgerüstete weitaus überlegene kubanische Armee dar, wird aber im Falle eines politischen Umsturzes sicher aktiv werden und viele Exil-Kubaner einbeziehen. Im Januar 1992 sind einige dieser Saboteure in Kuba zum Tode verurteilt worden, nachdem sie Ende Dezember auf frischer Tat ertappt worden waren. Verteidigungsminister Raul Castro bevorzugt im Einvernehmen mit seinem Bruder Fidel hartes, kompromißloses Vorgehen gegen derartige Unternehmen, die selten das Interesse der Weltöffentlichkeit erfahren.

2. Kapitel

*Die Karibik*

# Die Karibik

Als im Jahre 1493 Christoph Columbus auf seiner zweiten Reise in die Karibik, diesmal mit einer ansehnlichen Flotte von siebzehn Schiffen, die kleinen Antillen, Jamaika und Puerto Rico entdeckte, tat er dies für die spanische Krone. Heute, fünfhundert Jahre später, stellt der verwunderte Leser fest, daß in diesem strategisch so wichtigen Seegebiet eine Vielzahl von politischen Einflußsphären existieren und nicht einmal die Demokratie sondern die Monarchie die am weitesten verbreitete Staatsform darstellt. Dabei sind es zum Einen die prekären politischen Verhältnisse auf der mittelamerikanischen Landbrücke, die zu vielfältiger Besorgnis immer wieder Anlaß gegeben haben, durch die der Panama-Kanal führt. Zusätzlich zu der bedeutungsvollen Wasserstraße, welche seit ihrer Erbauung im Jahre 1914 dem Schiffsverkehr aus dem Pazifik den Weg um das stürmische Kap Horn erspart, nimmt der gesamte Schiffsverkehr der US-amerikanischen Südküste den Weg durch die Karibik. Jedes dieser Schiffe muß also zwangsläufig an einer der zahlreichen Inseln vorbei, die sich wie an einer Perlenschnur aufgereiht zwischen Miami und Caracas erstrecken.

Wenig verwunderlich erscheint daher die Sensibilität der Vereinigten Staaten in diesem Bereich, die in der Amtszeit von Ronald Reagan 1983 dazu führte, daß Marinesoldaten auf der Insel Grenada intervenierten und die damalig marxistische Regierung verjagten. Derart spektakulär und vielbeachtet von der Weltpresse war nur noch die Jahrzehnte zuvor allerdings ohne Erfolg unternommene Landung in der kubanischen Schweinebucht, die jedoch mit amerikanischer Billigung von Exilkubanern 1961 unternommen worden war.

Dabei stellt der karibische Raum schon bald nach seiner Entdeckung einen strategisch bedeutsamen Faktor dar. Während für die indianischen Hochkulturen der Region das Fehlen des Kontaktes untereinander kennzeichnend war, wurde mit dem Eintritt der Spanier in die Region die Herrschaft über den karibischen Raum zur entscheidenden Machtfrage europäischer Politik. Bereits den Spaniern unterlief der Fehler sich zu sehr auf die für ihr Goldtransporte wichtige Passage Santo Domingo-Panama zu konzentrieren und Jamaika unbesiedelt zu lassen. Nach der für Spanien insgesamt negativ verlaufenen Kette der Ereignisse Tunis (1535), Algier (1541), Lepanto (1571) und der weiteren Vernichtung des amerikanischen "Mehrwertes" in Form der teueren Armada (1588) verlagerte sich das Kommerzkonzept des Mittelmeeres zu Beginn des 17. Jahrhunderts in die Karibik als ein Amerika vorgelagertes europäisches Mittelmeer. Die an anarchistischen Grundsätze der Brüderschaft "frères de la côte" sind grundlegend für ein karibisches Flibustierimperium, welches, ausgehend von der Insel La Tortaruga an der Nordküste Haitis den karibischen Raum immer mehr beherrscht. Jederzeit abwählbar Admiräle und Kapitäne, kontrolliert durch einen Ältestenrat herrschen im diametralen Gegensatz zu europäischen Verhältnissen dieser Zeit gegründet auf Nichtanerkennung nationaler Unterschiede. Während die Spanier vergeblich versuchten, das Flibustier-Imperium zu vernichten, versuchten es Briten und Franzosen mit der Eingliederung, die jedoch erst gelang, als England nach der Besetzung von Jamaika den Flibustiern einen Freihafen und die de-facto-Unabhängigkeit gewährten. Erst der Generalvertrag zwischen Spanien und England (1670) sowie das Ende des spanisch-französischen Gegensatzes (1713) ließen die Herrschaft der Flibustier auslaufen, die in der Karibik ein umfassendes europäisches Handelssystem und ökonomische Homogenität hergestellt hatte, basierend auf der Nichtanerkennung von spanischer Herrschaft südlich des Wendekreises. Hinterlassen haben die Flibustier auch die einheitliche Sprache im karibischen Raum, das "Creole", eine Sprache mit tiefer innerer Verbindung zum Mittelmeerraum.

Nach diesem Einbruch der europäischen Mächte in den spanischen Einflußbereich, der durch den Rückzug der Spanier erleichtert wurde, kam die Einflechtung in das dreikontinentale politischökonomische Verbundsystem: Afrika als Sklavenlieferant, der karibische Raum als Produktionsgebiet und Europa als das Bedarfsgebiet wurde Steuerzentrum. Monokulturen wie z. B. Tabak oder Zuckerrohr prägen die Kolonialzeit, in der auch die USA als Erbe Spaniens ein Gastspiel gibt.

Trotz der zunehmenden Unabhängigkeitsbestrebungen und meistenteils realisierter Loslösung vom Mutterland verbleiben noch einige Reste in verschiedenen europäischen Händen. Sie werden wirtschaftlich sicher von der Vereinigung Europas profitieren. Zunächst aber haben sich die karibischen Inseln um eine Diversifikation in den Plantagenprodukten bemüht, um gegen Krisen besser gewappnet zu sein. Längst ist es nicht mehr nur der Zuckerrohr, welcher die Exporterlöse bringt, sondern auch Zitrusfrüchte, Kaffee, Kakao etc. Dies ändert aber wenig an der Armut der jeweiligen Inselbevölkerung, deren karges Leben in Kontrast steht mit dem Luxus mancher Touristensiedlung. Nach wie vor sind die Besitztümer in wenigen Händen und der in Europa vorhandene breite Mittelstand fehlt. Hinzu kommen Naturkatastrophen von noch unvorstellbarem Ausmaß , Hurrikane, Wirbelstürme, gewaltige Flutwellen und Erdbeben in den vulkanisch aktiven Zonen. Eine Ausnahmestellung nimmt die mit den USA assoziierte Insel Puerto Rico ein, welche es zu einem annerkennenswerten Wohlstand gebracht hat, sowohl in der Landwirtschaft, als auch in den Bereichen Industrie und Fremdenverkehr. Puerto Rico gehört wie Kuba, Hispaniola (Haiti und Dominikanische Republik) und Jamaika zu den Großen Antillen, während die Kleinen Antillen von den Jungferninseln bis Aruba reichen. Am nördlichsten gelegen und damit unmittelbarer Nachbar der Vereinigten Staaten sind die Bahamas, ein dünn besiedeltes Steuerparadies welches zugleich ein bedeutender Drogenumschlagplatz ist. Die kleine parlamentarische Monarchie umfaßt etwa siebenhundert unterschiedlich große Inseln, deren Bevölkerung überwiegend vom Tourismus lebt.

Anders sieht es in der benachbarten sozialistischen Republik Kuba aus, deren Wirtschaft nach wie vor überwiegend von der Zuckerproduktion abhängig ist. Hier hat das neue Standbein Tourismus noch keine entscheidende Verbesserung der wirtschaftlichen Situation mit sich gebracht. Dennoch wurde der alternde Fidel Castro Ruz, der immer noch den Sieg der Revolution predigt, im März 1993 vom neugewählten kubanischen Parlament wieder einstimmig für eine weitere fünfjährige Amtszeit als Vorsitzender des Staatsrates bestätigt. Das Armenhaus in der Karibik ist und bleibt jedoch Haiti, das sich mit der Dominikanischen Republik die Insel Hispaniola teilt. Fast neunzig Prozent der Bevölkerung leben in völliger Armut in diesem von jahrzehntelanger Diktatur geschädigten Land. Lediglich fünf Jahre lang keimten demokratische Hoffnungen, von 1986 ( Sturz von Duvalier) bis 1991, als der erst acht Monate zuvor gewählte Präsident Aristide aus dem

Amt geputscht wurde und man viele seiner Anhänger ermordete. Ein Putsch der alten Eliten aus Angst vor Macht- und Privilegienverlust. Der neue Diktator, General Cedras sieht sich allerdings sowohl einem OAS-Embargo als auch verschärften Initiativen der UNO gegenüber, die das Interesse der Bevölkerungsmehrheit an der Rückkehr der Regierung Aristide stützt. Im Gegensatz zu Haiti hat die Dominikanische Republik schon nach dem Mitte der sechziger Jahre mit Unterstützung der USA beendeten Bürgerkrieg zu einer bemerkerswerten demokratischen Stabilität gefunden. Wenn auch die wirtschaftliche Situation nicht gut ist, ein 1990 verkündetes Sparprogramm zu gewaltsamen Protesten führte und auch hier das Existenzminimum in der Bevölkerung nur selten überschritten wird, so liegt doch das Pro Kopf-Einkommen etwa doppelt so hoch wie in Haiti. Nach wie vor existiert auch in der Dominikanischen Republik eine hohe Abhängigkeit von der Zuckerproduktion.

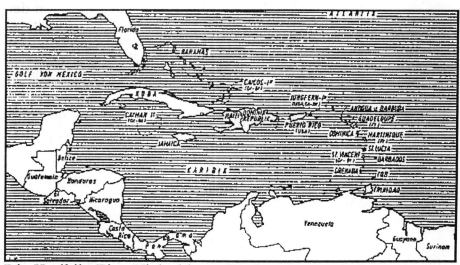

Die Karibik: Eine Vielzahl von Inseln

Ebenfalls zu großen Unruhen führten in Jamaika die mit den mageren Erträgen der Landwirtschaft und der städtischen Verelendung verbundenen sozialen Probleme. Bauxitförderung und Fremdenverkehr stützen die Wirtschaft der Commonwealth-Republik nur notdürftig. Kleine, selbstständige Staaten kennzeichnen das Bild auf den kleinen Antillen. Der Inselstaat Saint Kitts, 1493 von Kolumbus entdeckt und seit 1983 im Rahmen des Commonwealth vom britischen Mutterland unabhängig, war zwar Jahrhunderte Zankapfel zwischen Briten und Franzosen, präsentiert sich heute jedoch friedlich. Dasselbe gilt für den Inselstaat Antigua und Barbuda der 1981 von den Briten in die Unabhängigkeit entlassen wurde.

Ebenfalls 1493, also vor fünfhundert Jahren entdeckt, wurde die Insel Dominika. Die Bewohner der dünn besiedelten Insel entschieden sich nach ihrer Entlassung in die Unabhängigkeit von Großbritannien 1978 für die Republik als Staatsform. Um ebenfalls gering bevölkerte aber dennoch selbstständige Staaten handelt es sich bei Saint Lucia, St. Vincent und die Grenadinen, sowie Grenada. Nachzutragen bleibt für Grenada, daß die 1983 von den USA eingesetzte Übergangsregierung später in allgemeinen Wahlen demokratisch bestätigt wurde.

Wirtschaftlich gesund präsentiert sich die kleine Inselrepublik Trinidad und Tobago vor der Küste von Venezuela. Mit verhältnismäßig starker Industrialisierung und ausgeglichener Handelsbilanz stellt diese Inselgruppe eine Ausnahme dar. Die Unabhängigkeit strebt das zu den niederländischen Antillen gehörende Aruba für 1996 an. Die Errichtung von Erdölraffinerien auf Curacao und Aruba hatten vorübergehend für Wohlstand gesorgt. Mit der abnehmenden Bedeutung des venezuelanischen Öls muß nun der Tourismus einen Ausgleich bieten.

Absonderung und Eigenständigkeit kennzeichnen immer noch den karibischen Raum, in dem traditionell viele Interessen zusammenlaufen und der in seiner Bedeutung auch nicht unterschätzt werden sollte. Jeder der neuen Staaten hat einen Sitz in der UNO und wird Europa an seine Verpflichtungen erinnern, wenn es sich diesen versucht zu entziehen. Dies gilt insbesondere für die Entwicklungshilfe, aber auch für den Zugang zum europäischen Markt. Für die NATO bleibt die Region speziell aus logistischen Gründen bedeutsam.

# 3. Kapitel

## *RIO DE JANEIRO -*
## *DIE GRÖßTE*
## *UMWELTKONFERENZ ALLER ZEITEN*

# RIO DE JANEIRO - DIE GRÖßTE UMWELTKONFERENZ ALLER ZEITEN

Eine deutliche Hysterie bildete sich eingangs der Konferenz von Rio, die, als erste Konferenz dieses Ausmaßes, vom 2. Juni bis zum 14. Juni 1992 Einvernehmen über weltweite Umweltprobleme herstellen sollte. So malte der UNCED-Präsident Maurice Strong für den Fall des Fehlschlages bereits den drohenden Krieg an die Wand, das kleine nur wenige Zentimeter aus dem Atlantik ragende Land Tuvalu ließ Untergangsvisionen aufkommen, während andere unangemessen von einem diplomatischen Karneval sprachen. Von vornherein war allerdings klar, daß die industrialisierten Länder auf der Anklagebank sitzen würden auf diesem Erdgipfel, wo von den 173 Delegationen die Armen bei weitem die Mehrheit stellten.

Dabei konnte es bei dieser Großkonferenz zwangsläufig nur um globale Probleme gehen. Bereits seit Anfang der siebziger Jahre hatte es zahlreiche Initiativen gegeben, deren Ziel es war, durch vorsorgende Umweltpolitik international gültige Grenzwerte zu erarbeiten und verbindliche Zeitpläne zur Verringerung einzelner Schadstoffe aufzustellen. In den achtziger Jahren erfolgten dann eingreifendere Maßnahmen. So brachte die auf Einladung der Bundesregierung im Juni 1984 einberufene multilaterale Umweltkonferenz, an der Vertreter aus 29 Staaten sowie Vertreter von OECD, EG und UNO teilnahmen, Erfolge zu einer Reduzierung von Schwefeldioxidemissionen. Weiteren Aktivitäten folgte das Wiener Übereinkommen zum Schutz der Ozonschicht, das in Zusammenhang mit dem Montrealer Protokoll bei den Unterzeichnerstaaten zur drastischen Reduzierung der FCKW

(Fluor-Chlor-Kohlenwasserstoff) Produktion geführt hat. Die Bundesrepublik produzierte 1976 noch 53000t. Ende 1988 waren es nur noch 2600 t. des Ozonkillers.

Der im Jahre 1986 erstellte Tropenwaldaktionsplan der UN-Organisation FAO und das internationale Tropenholzabkommen waren Meilensteine. Das Montrealer Protokoll zum Schutz der Ozonschicht wurde ergänzt durch die UN-Resolution 43/53 zum Schutz des Weltklimas und die Haager Erklärung vom März 1989. Allein die Bundesrepublik Deutschland brachte in der bilateralen Entwicklungshilfe 1989/9o bereits 1,5 Mrd. DM auf für Vorhaben des Umweltschutzes. (z. B. Forstentwicklungspläne)-

Auf dem Gebiet des Gewässerschutzes fand im November 1987 in London die Zweite Internationale Nordseeschutzkonferenz statt, in deren Rahmen der Grundsatz der Umweltvorsorge international anerkannt wurde, so daß programmgemäß bis 1995 der Gesamteintrag gefährlicher Stoffe und Nährstoffe um mindestens 5o% zu verringern sind. Ähnlich haben sich im Februar 1988 die Ostseeanrainerstaaten auf eine Deklaration geeinigt, in der sich die Bundesrepublik neben Dänemark, der damaligen DDR, Finnland, Polen, Schweden und der ehemaligen Sowjetunion verpflichten den Schadstoffeintrag ebenfalls bis 1995 um 5o% zu reduzieren. Bilaterale Verträge mit zahlreichen Staaten in Ost und West ergänzen die Bemühungen.

Umweltschutz bedeutet nicht zuletzt Standortsicherung und Rohstoffvorsorge. Dies sind für das dicht besiedelte, hoch industrialisierte und rohstoffarme Land Bundesrepublik Deutschland besonders bedeutende Aspekte. Es hat sich aber auch gezeigt, daß Umweltschutz nicht nur Geld kostet, sondern zusätzlich neue Märkte für Umwelttechnologien und umweltverträgliche Produkte erschließt. Bei allen Erfolgen vergangener Konferenzen gab es in Rio eine Anzahl nicht zu übersehender Fakten: Das Klima der Erde erwärmt sich rapide, Gletscher und Polareis schmelzen ab und der Meeresspiegel droht zu steigen mit unübersehbaren Folgen für alle Küstenbewohner der Erde.

Neben dem Energieverbrauch der Industrienationen, der die $CO_2$-Produktion maßgeblich verursacht, wird auch die Abholzung der Tropenwälder für die Misere verantwortlich gemacht. Während Maßnahmen zur Reduzierung des Energieverbrauches auf der Seite der Industriestaaten erheblich zunehmen, wird der Tropenwald in zunehmendem Maße brandgerodet. Dabei ist es vor allem die zerstörerische großflächige Brandrodung, die sich am schädlichsten erweist. Gerodet werden kann nämlich auch auf unschädliche Weise, wie die Ureinwohner, die Indianer Amazoniens schon lange demonstrierten. So wurden von den Caboclos, den farbigen brasilianischen Waldbauern, nach der indianischen Methode "Rocas" angelegt, kleine, isolierte Brandrodungsflächen.

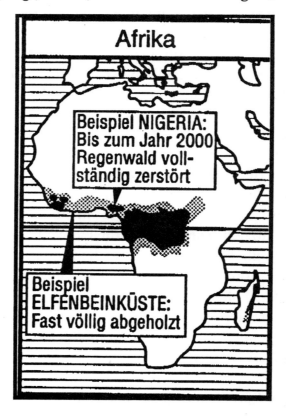

Die Asche ist notwendig zur Düngung des Waldbodens, der kaum für zwei Ernten taugt. Während der Bauer tiefer in den Wald zieht, wächst auf seinen alten Feldern zunächst

Sekundärwald nach, der nach 3o bis 4o Jahren nicht mehr vom echten Urwald zu unterscheiden ist. Anders als die weite, erodierte, unfruchtbare Kahlfläche, die bei unkontrollierter Brandrodung heutzutage anfällt. Gegenwärtig werden durch die Entwaldung jährlich zwischen 1,0 und 2,6 Millionen Tonnen (geschätzt) Kohlendioxid freigesetzt, die sich bereits als klimaverändernd erweisen. Auch im Rahmen des Artenschutzes wirkt sich die Abholzung, die jedes Jahr ein Gebiet von der Größe Österreichs betrifft, aus. Im Dschungel, der zu Beginn des Jahrhunderts noch zwölf Prozent der Erdoberfläche bedeckte und auf sieben Prozent geschrumpft ist, ist die Hälfte aller auf der Erde beheimateten Spezies konzentriert. Auch hier erleidet die Menschheit Tag für Tag Verluste.

So mag es auch nicht verwundern, daß zwar grundlegende Denkanstöße zum Artenschutz und auch das Artenschutzabkommen große Resonanz fanden, die Umweltstiftung WWF dennoch von verpaßten Chancen sprach. Der Direktor des World Wide Fund for Nature, Charles de Haes begrüßte besonders die Konvention zur Erhaltung der biologischen Vielfalt, die noch zu errichtende Konvention für umweltverträgliche Wirtschaftsentwicklung und den vereinbarten Technologietransfer zwischen entwickelten und unterentwickelten Staaten. Als tragisch bezeichnete er die Klimakonvention. Die vom laufenden Präsidentschaftswahlkampf beeinträchtigten Amerikaner verweigerten jegliche $CO_2$-Reduktion. Wohl zu schwer wäre es den Bürgern des krisengeschüttelten Staates zu erklären gewesen, wie das geplante Wirtschaftswachstum ohne zusätzlichen Energieverbrauch machbar wäre. Auch die Verweigerung der Unterzeichnung des Artenschutzabkommens traf bei den

Delegationen auf Entrüstung, so daß die Vereinigten Staaten auf dieser Konferenz ins Kreuzfeuer gerieten.

Aber auch bei den Europäern lag vieles im Argen. Zu lange dauerte es, bis eine gemeinsame Haltung zu den drängenden Problemen gefunden wurde. Profilieren durch viel Initiative konnte sich dabei die deutsche Bundesregierung, die sich auch bereiterklärte, die erste Nachfolgkonferenz in Deutschland auszurichten. Helmut Kohl, der selbst in Rio war, setzt auf "weltweite Umweltpartnerschaft" und erhöht die Entwicklungshilfe um 750 Mio. DM. Es wird auch klar, daß die armen Staaten der Erde bereits die Ökologie als politische Waffe zu handhaben verstehen. Eindeutig war das Postulat: Wenn der Norden die südliche Umwelt retten will, dann muß gezahlt werden. Auch die US-Amerikaner leisteten einen Beitrag indem sie versprachen, 150 Millionen Dollar für den Schutz der Tropenwälder zu zahlen. Der große Batzen fließt allerdings in einer Gemeinschaftsaktion aus dem G 7-Topf, dessen Aufstockung um drei Milliarden Dollar durch die Industrienationen im Gespräch ist. Ebenfalls schwerfallen wird der Bundesrepublik, deren Wiederaufbau in den neuen Bundesländern das Budget kürzt, die angekündigte Reduktion des $CO_2$- Ausstoßes um 25-3o % bis zum Jahr 2005. Denn gleichzeitig will man ja auf Wachstum nicht verzichten um eine materielle Gleichstellung im Osten zu erreichen. Hier wird wohl die Technik enorme Fortschritte machen müssen.-

Für die EG, die sich zusammenraufte, insbesondere Spanien verhielt sich restriktiv, versprach der Portugiese da Silva vier Milliarden Dollar als Südhilfe. Wohl auch nicht ungehört verhallte der Aufruf Helmut Kohls an Japan, die eigenen Leistungen zu erhöhen, damit der von Deutschland gewährte und geplante Schuldenerlaß für die ärmsten Länder der dritten Welt besser greift. Wenn auch Welthandelsfragen, die Bevölkerungspolitik und die Schulden keine unmittelbaren Themen der Rio Konferenz waren, so schwangen sie doch unterschwellig mit. Kaum anders kann der Aufruf Klaus Töpfers gewertet werden, den "kalten Krieg" zwischen Nord und Süd zu verhindern. Gestalten sich die Deutschen mittlerweile auch zum Umwelt-Primus, so sind auf der Konferenz noch weitere Sündenböcke neben den Vereinigten Staaten ausgemacht worden: Japan wegen zu geringer Eigenbeteiligung und Malaysia wegen der kompromißlosen Haltung gegen den Regenwald.

Die Erklärung von Rio, ein abschließendes Kompromißpapier, umfaßt eine Reihe wesentlicher Punkte zur zielgerichteten Zusammenarbeit aller Völker der Erde im Kampf gegen Armut und Naturzerstörung:

Grundsatz 3:
> Das Recht auf Entwicklung muß garantiert sein, um Entwicklungs- und Umweltbedürfnisse derzeitiger und künftiger Generationen gerecht befriedigen zu können.

Grundsatz 6:
> Der besonderen Situation und den besonderen Bedürfnissen der Entwicklungsländer, vor allem der am wenigsten entwickelten und der ökologisch am meisten geschädigten, soll spezieller Vorrang eingeräumt werden. Internationales Handeln im Umwelt- und im Entwicklungsbereich sollte auch die Interessen und Bedürfnisse aller Länder berücksichtigen.

Grundsatz 8:
> Um eine nachhaltige Entwicklung und einen höheren Lebensstandard für alle Völker zu erreichen, sollten die Staaten zuwiderlaufende Produktions- und Konsumgüter abbauen und abschaffen sowie eine angemessene Bevölkerungspolitik fördern.

Grundsatz 15:
> Um die Umwelt zu schützen, sollten die Länder entsprechend ihren Möglichkeiten weitgehend den

"vorbeugenden Weg" einschlagen. Wo schwerer oder nicht wiedergutzumachender Schaden droht, sollte das Fehlen einer vollen wissenschaftlichen Gewißheit nicht dazu herhalten, kostengünstige Maßnahmen zur Vermeidung einer Umweltbeeinträchtigung aufzuschieben.

Weltweite Partnerschaft bedeutet Übernahme von Verantwortung jedes Einzelnen. Deutschland hat sich auch vor dieser Verantwortung nicht gedrückt. Ein Teil der Rechnung ist in der Folge des Weltwirtschaftsgipfels von München präsentiert worden und hier sei auch an die Worte eines Kenners der Situation, dem Ex-Umweltminister Brasiliens Lutzenberger erinnert, der vor dem Gipfel aus der Regierung ausschied: "Großes Geld ist immer weltzerstörend". Seine Vorstellung ist es, den Lebensstil zu ändern. Dies sollte wohl zunächst für die Industrienationen gelten, weniger mit Umwelthysterie als mit sachlichen Maßnahmen. Aber auch die dritte Welt muß hier etwas tun. Überbevölkert sind so manche Bereiche, in denen vor Jahrzehnten noch kaum jemand lebte. Damals stillte eine Afrikanerin ihr Kind bis zu sechs Jahre lang und verfügte dadurch über einen natürlichen Verhütungsschutz. Heute bekommt das Baby Milch aus Trockenmilchpulver und die Kinderzahl vergrößert sich rapide. Ein Ausweichen und Zurückdrängen des Waldes verwundert dann kaum noch. Aber auch über solche Probleme wurde in Rio nicht debattiert. -Die Opferung eines Stückes Reichtum, welche mehrfach angemahnt wird, geht in Ordnung, wenn sie positiven Nutzen hat. Am meisten Nutzen haben gezielte Investitionen im eigenen Land; aber allein lassen- und dies hat der Gipfel gezeigt-kann man die Länder der Dritten Welt mit ihrer globalen Verantwortung nicht.

4. Kapitel

# *VERÄNDERUNGSTENDENZEN IN LATEINAMERIKA*

# VERÄNDERUNGSTENDENZEN IN LATEINAMERIKA

Der kalte Krieg ist vorbei. Dennoch: Bis zum neunten Jahrzehnt dieses Jahrhunderts bedeuteten die Einflüsse des Ost-West-Konfliktes in Mittel- und Südamerika die Verursachung oder Verschärfung von Spannungen, die meist im Inneren des jeweiligen Landes als Guerillakrieg ausgetragen wurden. Durch Ideologisierung des Konfliktes und die Lieferung von Waffen war das Eskalieren des vorhandenen Konfliktes oft genug problemlos erreichbar. Als Voraussetzungen für den Guerillakampf nennt der Meister des Guerillakrieges, Mao Tse Tung, drei wesentliche:

Erstens: eine arme, elende und verzweifelte Bevölkerungsmasse, die wenig oder nichts zu verlieren hat, und für die der Unterschied zwischen einem Dauerkrieg und der Art von Leben, die ihr die bestehende Friedensordnung bietet, verhältnismäßig geringfügig ist. Die Guerilla übt somit gewalttätige Kritik am Status quo und will Repression und Ausbeutung überwinden. Vor diesem Hintergrund erscheint ihre militärisch geartete Vorgehensweise erklärlich. Nach F. Allemann ist Guerilla daher der Aufstand des Unterprivilegierten gegen das Gesetz der Privilegierten und der Guerillakampf die klassische Waffe des Schwächeren gegen den Stärkeren, des Kleinen gegen den Großen. Lateinamerika besteht aus einer Anzahl unterentwickelter Länder und einer geringen Anzahl sogenannter Schwellenländer, in denen die sozialen Unterschiede sehr krass hervortreten. Die Voraussetzungen erscheinen somit recht günstig.

Zweitens: Weiterhin ist eine selbstversorgerische Agrarwirtschaft, die durch Dauerkrieg nicht völlig aus den Angeln gehoben werden kann und die Ernährung der Partisanen ermöglicht, Prämisse.

Drittens: Wichtigster Punkt ist ein verkehrsmäßig wenig erschlossenes, in weiten Teilen unzugängliches Land, in dem die Organisation der Staatsgewalt versickert sowie Ausweichmöglichkeiten und überraschende Schwerpunktbildung im Partisanenkrieg erlaubt. Die Gebirgszüge der Anden, welche sich an der Westküste des amerikanischen Doppelkontinentes entlangziehen, bilden schwer erschließbare Territorien, und die dünnbesiedelten Bereiche in den meisten Staaten erlauben auch Ausweichmanöver der Guerilla. Bis auf die teilweise schlechte Ernährungssituation, die häufig Anlaß zu Auseinandersetzungen mit der bodenständigen Bevölkerung gibt, sind diese drei Voraussetzungen für nahezu alle Länder zwischen der nordamerikanischen Grenze und Feuerland zu bejahen.

Schon traditionell gibt es in Iberoamerika zwei strategische Linien:
1. Strategie und Taktik der regulären Kriegsführung,
2. der Partisanenkampf.
Während der Aufstand gegen die Kolonialherrschaft seitens der feudalen Schichten auf die Mittel der regulären Kriegsführung zurückgriff, war bei Bauernaufständen und Volkserhebungen der Partisanenkampf üblich. An diese Tradition des Partisanenkampfes schließt sich auch die Guerilla an, wobei der überbetonte heroische Individualismus und der in Lateinamerika stark verbreitete Machismo die Bildung von Guerillabewegungen zusätzlich begünstigt. Mentalität und Tradition sind bestimmend in der lateinamerikanischen Guerilla. So kann als Vorläufer der

heutigen Guerilla die 1924 in Sao Paulo (Brasilien) entstandene, etwa 1500 Mann starke "Coluna Prestes" genannt werden. In Nicaragua gab es zu dieser Zeit eine Bewegung unter dem in Guerillakreisen als liberal geltenden Sandino, der als Außenseiter 1927 für Unruhe sorgte, die US-Amerikaner verjagte und 1934 während des Somoza-Regimes ermordet wurde. Prestes hingegen ging 1927 nach Bolivien ins Exil. Beide Guerilla-Führer konnten ihre Pläne nicht verwirklichen. Dennoch finden sie in der Folge Nachahmer. Fidel Castro in Kuba beruft sich immerhin auf die Bedeutung Sandinos für seine Konzeption, und die Sandinisten in Nicaragua sehen sich in der Nachfolge Sandinos. So fand denn auch der in Kuba zum ersten Male mit der Guerillataktik erzwungene, mit sowjetischen Waffen geförderte Umsturz von Staat und Gesellschaft im Sinne eines sozialen Reformprogrammes seine Nachahmer in Nicaragua. Hinzu kommt, daß Che Guevara Serna der Strategie und Taktik im kubanischen Guerillakampf seine besondere Prägung gab. Ausgangspunkt für Che Guevara war der Foco, ein Aufstandsherd im ländlichen Bereich, der durch eine Kettenreaktion letztendlich den Sturz der herrschenden Regierung verursachen soll. Che Guevara kam in Bolivien bei dem Aufbau eines solchen Foco ums Leben. Die sozialreformerisch geplante Revolution in Kuba nahm immer mehr die Form des Staatsterrors durch Castro und seine Familie an, der sich noch lange auf sowjetische Bajonette stützen konnte.

Nach der Dogmatisierung und dem Scheitern aller Guerillabewegungen, die sich auf Che Guevara beriefen, folgte die Stadtguerilla als Anwendung derselben Theorie auf Stadtverhältnisse. Führender Theoretiker der Stadtguerilla war Carlos Marighella, der 1969 das "Mini-manual do guerillero urbano" schrieb. Man wollte das Militär in den Städten binden, um auf dem Lande ungestört Focos aufbauen zu können. Diese Strategie zur Zersplitterung der militärischen Kräfte, um eine revolutionäre Situation zu schaffen, wurde zum Beispiel in Uruguay von den Tupamaros (von Tupac Amaru, Nachfolger der Inkas, der im 18. Jahrhundert die Indios zum Aufstand gegen den Vizekönig von Peru aufwiegelte) und in Argentinien von den Montoneros vergeblich angewendet. Die Folge war lediglich, daß brutale Militärdiktaturen errichtet wurden, die die Guerilla nahezu ausrotteten. Dies geschah zum Beispiel in Guatemala unter der Präsidentschaft Montenegros durch dessen Heerführer General Arana Osorio, der als Nachfolger von 1970 bis 1974 die Präsidentschaft übernahm.

In Deutschland wurde die Reaktion der Guerillas in Form der Ermordung des Botschafters Karl Graf Spreti 1970 besonders wahrgenommen. Auch die Montoneros in Argentinien, die lediglich während der Herrschaft des Peronismus 1973 bis 1976 eine Ruhepause hatten, sowie die Tupamaros in Uruguay mußten harte Rückschläge hinnehmen.

Als dann Anfang der achtziger Jahre die Guerillaaktivitäten mit den Kämpfen in El Salvador auch Guatemala in den revolutionären Strudel zu reißen begannen, gingen der Präsident General Rios Montt (März 1982 bis August 1983) sowie dessen Nachfolger General Mejia Victores daran, die Guerilla stark zu dezimieren. Lediglich in El Salvador bringt die Guerilla Präsident Duarte immer wieder in Bedrängnis, der die Bekämpfung mit Unterstützung der Nachbarn Guatemala, Honduras und den USA durchführt. Sogar Beteiligung an der Regierung und den Streitkräften, welche

Duarte anbot, konnte hier die Guerilla nicht zum Einlenken bewegen. Die von Kuba und Nicaragua aus mit sowjetischen Waffen reichlich versorgten Rebellen müssen sich ihrer Unangreifbarkeit schon ziemlich sicher gewesen sein, wenn sie solche Angebote ausschlugen. Wenn F. Allemann vor Jahren noch die These aufstellte, daß weder Land- noch Stadtguerilla eine gegenwärtige Gefahr für etablierte Regierungen darstelle, so hat sich dies als Fehlschluß herausgestellt. Nicaragua und El Salvador sind Gegenbeispiele.

Wegen der veränderten globalpolitischen Situation, blieben zumindest Honduras und Guatemala von einer Entwicklung ähnlich der in El Salvador verschont. In den übrigen lateinamerikanischen Ländern ist es Guerillas von links nirgendwo gelungen, das Erbe eines zerstörten Systems anzutreten. Eine von den Klassikern des Kleinkrieges genannte Umwandlung der Guerillia Kommandos in reguläre Truppenverbände, wie es Clausewitz und Mao Tse Tung für unerläßlich halten, fand in diesen Ländern gar nicht erst statt. Das Erbe traten teilsweise Diktaturen an, die- wie zum Beispiel in Argentinien- im sogenannten "schmutzigen Krieg" zuerst die Terroristen, dann das Umfeld und zuletzt die Ängstlichen (nach General Ibérico Saint Jean, Gouverneur der Provinz Buenos Aires) zum Teil umbringen wollten und auch umbrachten oder folterten. Meist wurden also diejenigen unter den Trümmern des selbstverursachten Zusammenbruchs begraben, die sich der sorgsam gelegten Sprengladung rühmten.- Auch die Industrieländer sollten aus den Zeiten des kalten Krieges gelernt haben und den Entwicklungsländern zunehmend wirtschaftlich entgegenkommen.

Zu Beginn der neunziger Jahre fangen die Industrieländer an, auf der Basis des aufgelösten Ost-West-Gegensatzes auch das Nord-Süd-Verhältnis zu überdenken. Anschaulich wird dies am Beispiel Brasilien. So klammerte der Weltwirtschaftsgipfel in München grundsätzlich die Länder der Dritten Welt aus, was allerdings nicht bedeutet, daß der Durchbruch bei Brasiliens Schuldenkrise am 12. Juli 92 Zufall war. Mit weit über einhundertundsiebzig Milliarden Mark war Brasilien zu diesem Zeitpunkt nicht nur das höchstverschuldete Land Lateinamerikas, sondern mit Abstand das meistverschuldete Entwicklungsland überhaupt.

Insbesondere Banken der USA waren federführend bei der nach fast einjähriger Verhandlung erzielten Grundsatzvereinbarung über die Umschuldung von mehr als einem Drittel seiner Auslandsschulden. Die US-Gläubigerbanken verzichten dabei auf fast 35% ihrer Forderungen und stimmen einer Tilgungszeit von 3o Jahren bei festem Zins zu. Das Land gewinnt dadurch nicht nur Zeit, die Restschuld zu tilgen, sondern bekommt zugleich Erleichterung von etwa sechzig Milliarden Mark. Brasiliens Präsident Collor de Mello kann diese im Klima von Rio und München erreichte Übereinkunft als eine erhebliche Entlastung betrachten, die in dieser Höhe noch keinem Entwicklungsland gewährt wurde.

Dennoch wäre es kurzsichtig, dies allein auf gestiegenes Verantwortungsbewußtsein der umweltbewußt gewordenen Industrieländer zu schieben. Bereits in den siebziger Jahren vergaben durch Petrodollars infolge der Ölkrise reich gewordene Banken bedenkenlos Kredite an Länder, deren Entwicklungsmöglichkeiten falsch eingeschätzt wurden. Sogenannte Schwellenländer, wie Brasilien, Mexiko und

Argentinien profitierten auch zunächst davon, ohne zu berücksichtigen, daß die Bevölkerungsexplosion und weitere Faktoren die Entwicklungen bremsen würde. Enorme Inflationsraten störten das Wachstum auf Dauer und förderten, angesichts der erfolglosen Bemühungen, die Inflation unter Kontrolle zu bekommen, die Resignation, während sich die Situation in Chile, Kolumbien, Ecuador und Bolivien, wo die Inflation ab 1986 unter Kontrolle gebracht wurde, deutlich verbesserte. Ungünstig wirkten sich auch die steigenden Zinsraten nach 1989 aus. Die wirtschaftliche Entwicklung nach Ländergruppen in der Dritten Welt driftete stetig immer weiter auseinander. Während beispielsweise ostasiatische Staaten Schulden vorzeitig zurückzahlten, ging es bei Brasilien, das sich nach Argentinien, Mexiko und Venezuela als letzter lateinamerikanischer Großschuldner auf einen Umschuldungsplan einigte, rasant immer weiter bergab. In Argentinien, wo noch 1989 tagelange Plünderungswellen und schwerste Unruhen das Land erschütterten, geht es zur Zeit wieder aufwärts, wie auch in Mexiko und Chile, wo Anti-Inflationsprogramme und solide Wirtschaftsreformen sowie Privatisierungskampagnen greifen. Mexiko profitierte dabei vor allem vom Brady Plan.

Zweifellos werden infolge dieser Entwicklung unsere Augen noch mehr auf den Ländern ruhen, die in den Fängen der Rauschgiftmafia vegetieren wie Peru. Wie sehr dies gerade uns angeht, mag folgendes verdeutlichen. Speziell in Deutschland hat sich die Zahl der polizeilich erfaßten Erstkonsumenten harter Drogen in den letzten fünf Jahren auf 13000 verdoppelt. Die Zahl der Drogentoten stieg von 1986 bis 1991 von 348 auf ca. 2100.

In Peru hingegen, dessen Präsident Fujimori Teile der Demokratie außer Kraft setzte um der inneren Krise Herr zu werden, sträubt sich die Regierung, das Militär im Kampf gegen die Drogenhändler einzusetzen. Der Präsident, der befürchtet, daß sich Kokainbauern und die gefährliche Guerilla genannt "Sendero luminoso" (leuchtender Pfad) solidarisieren, steckt in einer Sackgasse, obwohl er 1991 ein Abkommen mit den USA nach bolivianischem Muster unterschrieben hat. Deutschland flankiert diese Maßnahmen durch Entwicklungspolitik, die Einführung von Ersatzkulturen oder Ertragssteigerung von alternativen Produkten sowie deren bessere Vermarktung zum Ziel hat. Um den Bauern eine Möglichkeit zu geben, vom Drogenanbau Abstand zu nehmen, wurden für Peru, Bolivien, Kolumbien und Thailand etwa zweihundertmillionen Mark freigemacht. Welch gewaltiges Potential wirtschaftlicher Art der internationale Drogenhandel beinhaltet, wird durch seinen geschätzten Umfang von 800 Milliarden Mark deutlich.

Als halbherzig sind wohl die Maßnahmen zu bezeichnen, mit denen Bolivien seine Rauschgiftproduktion einzuschränken suchte. Sogar Infanteriebataillone wurden von Spezialisten in Fort Bragg (USA) ausgebildet, zeigten sich aber nachher nicht in der Lage, wie vereinbart 7000 Hektar Kokafelder (1991) zu vernichten. Dennoch gab es einige Tote in den betroffenen Gebieten.

Was "Kampf gegen Drogenhandel" bedeuten kann, zeigten die Ereignisse in Kolumbien, welches neben Bolivien, Peru und den Vereinigten Staaten auch an der Konferenz von Cartagena teilgenommen hat, auf der neben wirtschaftlichen Maßnahmen letztlich auch der mögliche Einsatz von Militär beschlossen wurde (Februar 1990). Zur Zeit des "Narkoterrorismus" in der zweiten Jahreshälfte 1989 kam es in Städten und Zentren zu 263 Bombenattentaten mit erfolgter Explosion. Erst die mit einer Teilamnestie verbundene Selbstauslieferung einiger Drogenbosse brachte einen Teil von ihnen hinter Schloß und Riegel. Auch in Bolivien hat man zumindest mit dieser Maßnahme Erfolg gehabt und die wichtigsten Köpfe hinter Gitter gebracht. Die Erfolge militärischer Unternehmungen sind in Kolumbien, welches bilateral mit den USA vereinbarten Einsatz schon seit 1979 betreibt, nicht sehr spektakulär. Neunzig Prozent wird nach wie vor von der Polizei erledigt, sodaß man auch hier eher von Erfolglosigkeit sprechen kann. Ob es soweit kommt, daß wie 1986 in Bolivien auch in Kolumbien Soldaten der USA die Drogenproduktion bekämpfen, bleibt abzuwarten. Realität bleibt, daß die Kokainproduktion sich nicht verringert hat in den letzten Jahren und daß zunehmend mehr Länder Lateinamerikas in das Kokaingeschäft verstrickt sind. Kolumbien, welches auch als Südamerikas Hort relativer wirtschaftlicher Stabilität bezeichnet wird, weil es seinen Reichtum an Rohstoffen sinnvoll nutzte, ist auf die Droge sicher weniger angewiesen, als die anderen.

Mehr und mehr machen aber nicht nur die Produzenten sondern auch die Händler von sich reden. Beispiel ist der in der USA zu vierzig Jahren Haft verurteilte ehemalige panamesische Präsident Manuel Noriega, der neben lukrativem Drogenhandel den Fehler beging, gegen die USA Krieg zu führen. Dennoch floriert der Drogenhandel in Panama auch weiterhin, obwohl sich die beschlagnahmte Kokainmenge drastisch erhöht hat.-Der Weg, nicht nur gegen den Handel, der sich nur schwer eindämmen läßt, sondern auch gegen die Produzenten vorzugehen, erscheint daher richtig. Insbesondere angesichts der Armut, die in den produzierenden Ländern teilweise herrscht. Soziale und wirtschaftliche Indikatoren weisen Bolivien beispielsweise als ärmstes Land Lateinamerikas aus, nur vergleichbar mit Haiti. Etwa eine halbe Million Einwohner waren 1990 von Lebensmittelschenkungen abhängig, welche das Ausland gewährte, das sind etwa zehn Prozent der Bevölkerung. In Bolivien leben nahezu 8o Prozent der Bevölkerung unterhalb der für die Region ermittelten Armutsgrenze, während nach UNICEF die Hälfte der Landbevölkerung als Analphabeten gelten. Umweltpolitik ist nicht vorhanden-wen wundert es-und die Umweltbelastungen in den Städten, sei es durch die Müllberge, eine steigende Zahl von Autos, zunehmende Luftverschmutzung und vergiftetes Wasser werden immer bedrohlicher. Kanalisation ist nur ausnahmsweise vorhanden.

Allein diese Zustände wären schon Anlaß genug, nicht nur auf Durchführung der lediglich in den akademischen Zirkeln kursierenden Umweltpolitik zu drängen, sondern auch die Frage nach einer Entwicklungshilfe zu stellen. Geschickt durchgeführte Programme, die als Hilfe zur Selbsthilfe den Ersatz der Kokapflanzungen zum Ziel haben, sind dabei nur ein Aspekt. Ein anderer wäre die sinnvolle Durchsetzung der Beschlüsse der Konferenz von Rio, die ja gerade auf dem gemeinsamen Handeln von Industrie-und Entwicklungsländern fußen. Auch die Andenstaaten Kolumbien, Peru und Bolivien tragen an den Problemen der unkontrollierten Umweltverschmutzung infolge wachsender Bevölkerung und fehlenden Verständnisses für Zusammenhänge von Natur und menschlichem Leben.

Spektakulär und zugleich ein Anzeichen dafür, daß die lateinamerikanische Guerilla mit dem Abebben und der schließlichen Beendigung des alten Ost-West-Gegensatzes keinesfalls automatisch überall verschwindet, ist das Verhalten des Sendero Luminoso in Peru. Der bewaffnete Kampf, der schon seit über zehn Jahren wütet, hat bereits eine fünfstellige Zahl an Todesopfern gefordert. Gleich zwei Bewegungen kämpften noch Mitte der achtziger Jahre in Peru: die nach Kuba tendierende Tupac Amaru und die maoistischen gepolten Senderistas. Die betont grausame Vorgehensweise der Sendero gegen Abweichler ähnelt der der Roten Khmer Kambodschas. Die harte Maßnahme Fujimoris, die Verfassung außer Kraft zu setzen zeigt, wie schnell eine südamerikanische Demokratie wieder am Rand zur Diktatur stehen kann.

Anders als in Peru hat die Guerilla nach einer Umfrage in Guatemala nur wenig Sympathien in der Bevölkerung. Dieses wird oft als Grund dafür angeführt, daß sie ihre Waffen noch nicht niedergelegt hat und sich, wie gefordert, öffentlichen Wahlen gestellt hat. Sie will die Macht nur mit Waffengewalt erobern, und setzt weiterhin auf Terroranschläge. Gefordert werden Programme, die in Peru und El Salvador schon durchgesetzt sind: u. a. Agrarreform und Sozialreform. Rechtsextremer Terror mit Todesschwadronen durch Morde, Entführungen, Folterungen und Bombenanschläge sind die andere Seite der Medaille.

Als großer Erfolg wird die Tatsache gefeiert, daß in El Salvador nach jahrelangen Bemühungen die freiwillige Niederlegung der Waffen durch die Nationale Befreiungsfront Farabundo Marti (FMLN) erfolgt. Diese über 8000 Kämpfer zählende Guerilla, die zwölf Jahre aktiv war, demobilisierte teilweise vor den Augen von Vertretern der Vereinten Nationen.
Die Ex-Guerilleros stellten ihre Waffen in Container und erhielten im Gegenzug eine Urkunde, die sie als ehemalige Kämpfer ausweist. Die Veteranen erhalten leichter Zugang zu Krediten und können spezielle Ausbildungsgänge zur Wiedereingliederung ins Zivilleben in Anspruch nehmen. Die Armee demobilisiert im Gegenzug bis Ende 1993.

Der verbissen geführte Guerillakrieg forderte bislang in El Salvador über 75000 Menschenleben und Hundertausende von Verletzten. Der volkswirtschaftliche Schaden ist kaum zu beziffern. Bei allem Optimismus und dem guten Willen der Beteiligten bleibt abzuwarten, ob die getroffenen Vereinbarungen von allen Seiten eingehalten werden.

Bewährt hat sich indes der Friede zwischen Sandinisten und Contras in Nicaragua. Auch Ortega ist längst als Machthaber abgelöst. Wie bereits in Venezuela Jahre zuvor haben auch in Nicaragua die Guerillas den Weg in die Normalität angetreten, der sicher oftmals ein Weg in die Armut ist. Die steigende Kriminalitätsrate in Ländern wie Nicaragua und El Salvador sind Anzeichen dafür.

Dennoch läßt sich feststellen, daß mittlerweile fast alle ehemaligen Diktaturen, die autoritaristischen und neo-autoritaristischen Herrschaftssysteme in mehr oder weniger funktionsfähige Demokratien umgewandelt worden sind. Wahlen sind mittlerweile zur Normalität für einen Machtwechsel in Lateinamerika geworden, wenn auch die Machthaber selbst nach wie vor Umsturzversuche fürchten müssen. Allgemein stellt das Militär in diesem Rahmen den gewichtigsten Machtfaktor dar, dessen Veto durch jede Zivilregierung beachtet werden muß, wenn sie die Demokratie erhalten will. Meist konnten die Streikräfte diese Kontrollfunktion aber nicht verfassungsmäßig festschreiben. Insbesondere bei dem Versuch, vergangene Menschenrechtsverletzungen zu ahnden, erweist sich das erhebliche politische Gewicht.

Weiterer Bedrohungsfaktor solcher lateinamerikanischer Demokratien ist die internationale Verschuldung, wobei der Schuldendienst den Volkswirtschaften Ressourcen für die Befriedigung sozialer Bedürfnisse und der weiteren wirtschaftlichen Entwicklung entziehen. Bisher hat sich in diesem Bereich das höhere internationale Prestige von Demokratien im Vergleich zu Militärregimen zugunsten Lateinamerikas ausgezahlt, von kleinen Ausnahmen einmal abgesehen. Radikal einseitige Lösung, wie Peru 1987 durch Reduzierung der Schuldendienstzahlungen, verringert den außenwirtschaftlichen Handlungsspielraum und versperrte den Weg zu weiteren Krediten.

Nicht zu unterschätzen bei der Frage nach Zukunftschancen der jungen Demokratien bleibt die Frage, inwieweit die politisch-institutionellen Reformen durchgeführt werden und Fuß fassen. Ohne den nötigen Rückhalt in der Bevölkerung werden sich keine dauerhaften Ergebnisse herstellen lassen und Umsturzversuche, wie vor kurzem in Venezuela, Argentinien, in Guatemala oder in Kolumbien bekommen Erfolgsaussichten. Da, wo ein direkter Umsturz nicht möglich ist, kann es wie in Peru 1992 dazu kommen, daß ein Präsident sich in seiner Bedrängnis totalitärer Methoden bedient und eine Demokratie außer Kraft setzt, um sie zu retten.-Eine durchaus fragwürdige Methode. Sie stützt die oft geäußerte Auffassung, Demokratie in Lateinamerika sei lediglich "Diktatur auf Urlaub". Der Putsch in Guatemala (1993) und die Ereignisse in Venezuela tendieren in dieselbe Richtung.

# 5. Kapitel

## *WÄCHTER AM KAP HORN UND DIE SCHÄTZE DER ANTARKTIS*

# WÄCHTER AM KAP HORN UND DIE SCHÄTZE DER ANTARKTIS

Anläßlich des Falkland-/Malwinenkonfliktes zeigt uns der bekannte Geschichtswissenschaftler Konteradmiral Laurio Destefani aus Buenes Aires in seinem von Instituten, Industrie und Behörden unterstützten Buch "Malwinen, Süd-Georgien und Süd-Sandwich-Inseln" die Ziele der Invasion auf und betont dabei 1. die strategische Lage, 2. die Rohstoffvorkommen. "Die drei Inselgruppen sind, wie bereits erwähnt, strategisch wichtig, sie waren es, sind es heute und werden immer wichtiger in der Zukunft sein. Die Malwinen, Süd-Georgien und die Süd-Sandwich-Inseln sind auch wirtschaftlich wichtig aufgrund ihrer Krillvorkommen, des Erdöls und der Erze auf dem Meeresgrund, die noch kaum genutzt worden sind." 1) Die Tatsache, daß zwischen den Konfliktparteien Großbritannien und Argentinien noch kein Einverständnis hergestellt worden ist hinsichtlich der Verhältnisse um die Falkland/Malwinen erschwerte eine Lösung für den umstrittenen Antarktissektor, da die Archipele oft in einem Atemzug mit dem rückwärtigen Antarktisbereich genannt werden (ehemals: Falkland-Inseln und Dependencies) und seit Beginn des 20. Jahrhunderts von den Falkland/Malwinen aus verwaltet wurden.

Zugleich stellt diese umstrittene Situation, die überwiegend außenpolitisch bedeutsam ist, auch eine innenpolitische Herausforderung an Argentinien, die eine bereits gewonnene Stabilität immer wieder auf die Probe stellen kann. 2) Stellen wir uns einmal als interessierter Beobachter aus 13000 Kilometer Entfernung die Frage, was denn Argentinien und

Großbritannien in der Falkland-Frage trennt, um Verständnis für die Eskalation in dieser Frage zu bekommen.

Zugrunde liegt eine Historie, wie sie umstrittener kaum sein kann. Eine unklare und umstrittene Geschichtsschreibung erleichterte beiden Seiten Ansprüche zu begründen und Feindbilder aufzubauen, die letztendlich zur Eskalation des Konfliktes beitrugen. 3) Der Falkland-Malwinen-Konflikt hat, wie die meisten kriegerischen Auseinandersetzungen, seine Schatten vorausgeworfen. Beginnen wir mit dem Jahr 1764. Eben in diesem Jahr landete der französische Entdecker und Eroberer Antoine de Bourgainville 4) auf den bis dahin unbesiedelten Inseln und hißte am 3. Februar die französische Flagge. Danach wurde auf den unwirtlichen Inseln eine Befestigung errichtet sowie in einem feierlichen Akt die Inbesitznahme erklärt. Dies geschah bereits am 5. April desselben Jahres. Welche Enttäuschung muß es wohl bei Lord Byron und seinen Leuten ausgelöst haben, als er auf seiner Fregatte nach mehrmonatiger entbehrungsreicher Schiffsreise feststellen mußte, daß ihm ein Franzose zuvorgekommen war. Dennoch landete der Großvater des berühmten englischen Dichters 1766 ebenfalls auf den fast kahlen Inseln und gründete die Siedlung Port Egmond. 5)

Es gab jedoch noch eine dritte Macht, Spanien, die solche Expansionsbestrebungen mit Unmut verfolgte. Bereits im Jahre 1494 teilten Spanier und Portugiesen die Neue Welt in zwei Bereiche unter Anleitung von Papst Alexander VI. Die Trennungslinie lief in diesem Vertrag von Tordesillas 6) von Pol zu Pol und schnitt einen Punkt, der 370 Seemeilen westlich der Kapverdischen Inseln liegt. Der westliche Teil war spanisches Gebiet, und somit fielen auch die umstrittenen Gebiete in spanischen Einflußbereich.

Um jedoch Auseinandersetzungen mit dem starken Frankreich 7) auf dem europäischen Kontinent zu vermeiden, kaufte Spanien 8) zur Sicherung seiner kolonialen Sphäre den Franzosen, hinter dem Rücken der Siedler, die Inseln für einen geringen Preis ab. 9) Die formale Übergabe geschah am 1. April 1767. Bis 1770 nahmen sich die Spanier Zeit, um dann auch die Engländer zu vertreiben, die im Juni 1770 kapitulierten. Das Verhalten der Spanier hatte die Engländer aufs höchste gereizt, da sie der Meinung waren, die Inseln zumindest entdeckt 10) zu haben. Wenngleich auch John Davis 11) die Inseln 1592 und Sir Richard Hawkins die Inseln 1594 gesichtet hat, könnte auch Amerigo Vespucci bereits 1502 einen Blick auf die Felsen geworfen haben. Auch die erste exakte Angabe der nautischen Position erfolgte nicht durch einen Engländer, sondern von dem Holländer Seebald de Weert, der die Inseln "Seebalds" taufte.

Von den Holländern Seebalds genannt, von den Engländern Falklands und von den Franzosen als Malouines (wie St. Malo) bezeichnet, taucht die selbe Inselgruppe in den verschiedensten Seekarten auf. Dennoch führte das Verhalten der Spanier nicht zum Krieg. Weder König Georg III. noch die Spanier waren ernstlich bereit zu einem Waffengang, zumal die Franzosen nach dem Verkauf der Inseln kein Interesse mehr zeigten sich hinter die Spanier zu stellen. Man einigte sich gütlich, indem Spanien in dem Friedensvertrag von 1771 seine Rechte auf den Inseln wahrte und de facto den Engländern Port Egmond überließ. 12) Doch das Interesse an den Inseln erlahmte, und die Engländer taten nichts, um ihre

Position in Port Egmond zu festigen. Sie zogen den Gouverneur ab, der lediglich ein Bild hinterließ, auf dem er englische Ansprüche bekräftigte 13). 1774 gaben die Engländer jegliche Ansprüche in einem angeblichen Geheimvertrag 14) mit Spanien auf und mieden die Inseln für nahezu 60 Jahre.

Nachdem sich gegen Ende des 18. Jahrhunderts schon die nordamerikanischen Staaten gegenüber England durchgesetzt hatten und selbständig geworden waren, entstanden auch hier Befreiungsbewegungen (1783-1830). Diese Befreiungsbewegungen wurden zunächst von England, später jedoch auch von den USA (1823, Monroe-Doktrin: Amerika den Amerikanern) unterstützt. Das morsche Gebäude des spanischen Kolonialreiches brach unter dem Druck der Freiheitskämpfer zusammen. Eine der ersten unabhängigen Regionen waren die La Plata-Staaten (1816), die sich später Argentinien nannten. Bereits 1820 nahm die Besatzung der argentinischen Fregatte Heroina formal die Inseln in Besitz, und 1826 kamen die ersten argentinischen Kolonisten. 15) Ein Hamburger Kaufmann namens Vernet versorgte die Siedler mit Waren. Als er jedoch US-amerikanische Seeleute festnahm- wegen Verletzung des argentinischen Seehoheitsgebietes-, nahm die US-Regierung diesen Zwischenfall 1831 zum Anlaß, die Korvette Lexington zu entsenden, um die Inseln von der argentinischen Herrschaft zu befreien, ohne jedoch eigene Ansprüche zu bekunden 16).

Nach dieser Episode, welche schon eher den Charakter einer Vergeltungsaktion trägt, erwachte auch das englische Interesse an den Inseln aufs Neue. Es wurde ein Kriegsschiff entsandt, die Korvette Clio, welches auf nur schwache argentinische Kräfte stieß und die Argentinier vertrieb, und ab dem 3. Januar 1833 wehte über den unwirtlichen Felsen wieder der Union Jack. Auf sofortige diplomatische Proteste 17) Argentiniens, welches sich als Nachfolger Spaniens in bezug auf die Inseln fühlte und bis heute noch fühlt, reagierten die Engländer 18) ablehnend. Spanien hätte das Recht auf die Inseln einstmals von England erhalten, woraus folge, daß nach dem Zusammenbruch der Kolonialherrschaft dieses Recht an die Engländer zurückfalle.

Bis zu diesem Zeitpunkt spricht für die Ansprüche Argentiniens, daß die Engländer durch die Ereignisse 1771/74 jegliche Anrechte bezüglich der Inseln aufgegeben hatten. Dies wird noch verstärkt, wenn man berücksichtigt, daß Frankreich wegen der Erstbesiedlung der Archipel zustand, während der Zeit, als England meinte, ebenfalls Rechte in dieser Hinsicht erworben zu haben.

Die nun folgenden Jahre 19) sind von den argentinischen Bemühungen durchsetzt, unter Zuhilfenahme diplomatischer Mittel, durch Forderungen, Proteste, Androhungen und auf dem Verhandlungswege die Inseln für sich zu gewinnen. Immer war Argentinien dabei in der Position des Schwächeren.- Zwischen 1849 und 1885 kam es, wie auch zwischen 1888 und 1927, zu Lücken in den sonst fortwährend ausgeübten Protesthandlungen gegenüber Großbritannien. 20) In diesen Zeitabschnitten gaben die Argentinier ihre Bestrebungen bezüglich des Archipels keinesfalls auf. Vielmehr muß das Kräfteverhältnis in der damaligen weltpolitischen Situation betrachtet werden. 21) Gegen die Weltmacht Großbritannien anzukommen, war bis zum Ersten

Weltkrieg absolut aussichtslos für ein Entwicklungsland, welches Argentinien darstellte. 22)

Auch die schweren Rückschläge, welche das britische Kolonialreich während der beiden Weltkriege einstecken mußte, konnten Argentinien nur kurzfristig in eine etwas stärke Position bringen. Erst der Aufstieg Argentiniens zum Schwellenland zwischen Agrar und Industrienation gab diesem Land die Mittel, sich modernste Waffensysteme anzuschaffen, die dazu geeignet waren, einer europäischen Mittelmacht, im Südatlantik 23), Paroli zu bieten.

Bis es jedoch dazu kommen konnte, verging eine Vielzahl von Möglichkeiten, die beide Seiten ausließen, um sich gütlich zu einigen und somit den Gefahrenherd aus der Welt zu schaffen. Als eine Provokation faßte das britische Außenministerium die 1910 bereits erstellten argentinischen Landkarten auf, welche die Inseln, als Malwinen bezeichnet, als argentinisches Territorium auswiesen. Zugleich wurde man sich bewußt, auf welch schwachen Füßen die Begründung für die britische Herrschaft stand. Um in der Weltöffentlichkeit keinen schlechten Eindruck zu machen, und um sich nicht mit Argentinien konfrontieren zu müssen angesichts der Situation im Ersten Weltkrieg und der Wirtschaftskrisen danach, hielt sich England verschwiegen zurück, ohne jedoch den Argentiniern Zugeständnisse zu machen. Nach dem Ersten Weltkrieg kam den Engländern auch die neu etablierte völkerrechtliche Argumentation 24) der Begründung von Ansprüchen durch lange Ausübung entgegen. Zweifel schwanden, und man fühlte sich in London wieder sicherer in seiner Argumentation.

Währenddessen betonte Argentinien weiter seine Ansprüche auf die Malwinen, Süd-Georgien und die Sandwich-Inseln und Teile der Antarktis. In der Zeit vor und während des Zweiten Weltkrieges kam eine Lösung 25) des Problems ins Gespräch, welche weitgehende Zugeständnisse der Briten einschloß. Gegen eine langfristige Verpachtung der Inseln an die Briten sollte Argentinien Souveränität über die Falklandinseln erhalten. Mit dem Ausgang des Krieges im Sinne der Alliierten verschwand auch diese Lösung wieder vom Tisch. Der Protest jedoch hielt an. 26)

Ein Durchbruch gelang Argentinien erst, als im Jahre 1966 die Resolution 2065 in den Vereinten Nationen 27) verabschiedet wurde, in der die Inseln als Kolonialproblem bezeichnet und eine Lösung im Interesse der Bevölkerung der Inseln verlangt wurde. Diese Lösung sollte friedlich sein und schnell verwirklicht werden. Die Resolution hatte ihre Grundlage auf der Resolution 1514 von 1960, in der die Beendigung jeglicher Form von Kolonialherrschaft gefordert wird. Wie so oft das Schicksal von UN-Aktivitäten, folgte weder eine schnelle Lösung, noch blieb die Auseinandersetzung in friedlichem Rahmen.

Die Resolution verhallte in England nicht ungehört. Die Zeichen der Zeit standen auf Dekolonisierung, so daß England, welches zu dieser Zeit noch über eine Anzahl kolonialer Relikte verfügte, den Weg der Verhandlung wählte. Costa Mendez traf sich im September 1967 mit dem Chef des Auswärtigen Amtes, George Brown, und die Gespräche begannen mit Anfangserfolgen für die Argentinier. Anfang 1968 formierte sich gegen Browns Bestrebungen eine Lobby, welcher Mitglieder des Diplomatischen Corps, Parlamentarier und Mitglieder der Falkland Islands Company sowie Inselbewohner angehörten. 28) Man wies nach, daß die Inselbewohner den Status quo aufrechterhalten wollten, und erreichte so die Unterstützung des Parlaments. Auch die Argentinier bemühten sich um die Gunst der Inselbewohner, indem sie versuchten, die Preise der Waren der Falkland Islands Company zu unterbieten. Die britische Regierung konnte jedoch auch weiterhin auf die Unterstützung durch die Bewohner der Inseln zählen. 29) Infolgedessen betonte Argentinien besonders den Punkt 6 der Resolution 1514, der die nationale Einheit und die territoriale Integrität hervorhebt 30) während Großbritannien auf der besonderen Bedeutung des Punktes 2 beharrte, der das Selbstbestimmungsrecht besonders unterstreicht. 31)

Im Jahre 1976 übernahmen die Militärs in Buenos Aires die Regierung. Ein Jahr später kam es zu ersten Spannungen, als eine Gruppe argentinischer Abenteurer Süd-Georgien aufsuchte. Der britische Premier Callaghan schickte zwei Fregatten und sogar ein Unterseeboot als Zeichen der Verteidigungsbereitschaft. Zugleich wurden spontan zwei Arbeitsgruppen unter Beteiligung der Konfliktparteien eingerichtet, die in Lima 32) tagten. Aber weder Lima noch ein später vereinbartes Treffen in Genf waren dazu geeignet, alle Seiten zufriedenzustellen. Letztlich waren es die Inselbewohner, welche die in Sicht gekommenen Lösungen verhinderten. Wohl das aussichtsreichste Konzept war die Hongkong-Lösung 33) von Nicolas Ridley. Diese sah vor, daß die Inseln unter argentinischer Souveränität an die Bewohner verpachtet werden sollten, welche nach vereinbarter Zeit in das System Argentiniens einbezogen werden sollten. Ridley stieß bei den Bewohnern der Inseln auf Ablehnung und konnte

sich auch im Unterhaus nicht durchsetzen. Ridley, der 1979 mit dem Regierungswechsel im Auswärtigen Amt eingezogen war, sah die Gefahr einer Invasion wohl am deutlichsten, als er 1980 mit seinem Plan scheiterte.
Angesichts des britischen Arguments der langen Herrschaft über die Inseln war zu erwarten, daß die Argentinier ungern die Einhundertfünfzigjahrfeier abwarten würden, die 1983 stattfinden sollte. Andererseits befand sich die argentinische Wirtschaft in einem äußerst desolaten Zustand, sodaß eine kostenaufwendige Invasion nicht erwartet wurde. Frau Thatcher gab sogar im Einvernehmen mit Verteidigungsminister Nott das einzig übrige britische Patrouillenschiff Endurance zur Verschrottung frei, um ihren Sparkurs 34) auch im Verteidigungsbereich durchzusetzen. Darüber hinaus wurde Ridley durch einen härteren Nachfolger ersetzt, und eine für Argentinien akzeptable Lösung war wieder in die Ferne gerückt. Dennoch verlangte General Galtieri, der Nachfolger Violas, Ende 1981 die Wiederaufnahme der Verhandlungen.

Zu dieser Zeit sah er als Alternative zur Verhandlungslösung bereits die Invasion. Er rief führende Medienfachleute zu sich, um die Öffentlichkeit auf einen eventuellen Waffengang vorzubereiten. 35) Eine Reaktion auf den sich anbahnenden Konflikt war seitens der britischen Regierung noch lange nicht in Sicht. Warnende Signale in den argentinischen Medien wurden von den Briten ignoriert. 36) Man unterließ es, Anfang des Jahres 1982 die Argentinier auf die eigene Verteidigungsbereitschaft hinzuweisen, indem man versäumte im Gegensatz zum Fall von 1976, wo auch deutliche Zeichen in der Presse Aktionen Argentiniens ankündigten, als Vorwarnung Kriegsschiffe zu entsenden. Die Tatsache, daß am 19. März Altmetallsammler die argentinische Flagge hißten, führte zwar zu internationalem Aufsehen, jedoch nicht zu wesentlichen britischen Reaktionen. 37) Erst die Invasion selbst löst in England Reaktionen aus, die zur Entsendung der britischen Flotte führten. Eine weitere Möglichkeit zur Verhinderung der Eskalation der Spannungen war vertan, indem man auf Abschreckung verzichtete. Läßt man einmal die Möglichkeit, auf dem Verhandlungswege zu einem akzeptablen, von Kompromissen aller Beteiligten getragenen Ergebnis zu gelangen, außer acht, so wurde dennoch die Entschlossenheit der Briten, den Archipel zu verteidigen, nach außen hin wenig dokumentiert.

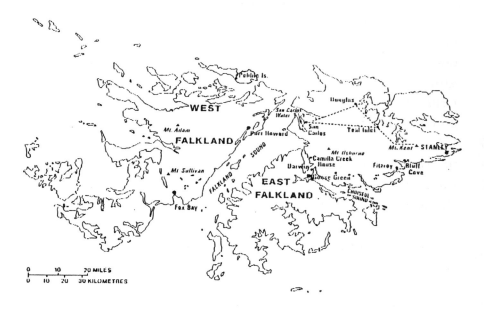

Eine nahezu ungeschützte Insel im Südatlantik, der argentinischen Küste vorgelagert, mußte für eine innenpolitisch geschwächte, wohl nach außenpolitischen Erfolgen suchende Regierung Galtieri als leichte Beute erscheinen. Heute, Jahre nach der Auseinandersetzung ist eine mit modernsten Abwehrwaffen ausgerüstete britische Einheit auf dem Archipel stationiert. Aber auch die Argentinier verfügen über mehr moderne Waffensysteme als zur Zeit des Konfliktes. 38)

Es empfiehlt sich daher, einer erneuten Eskalation des Interessengegensatzes vorzubeugen. Eine Verhandlungslösung im Falkland/Malwinenkonflikt z.B. auf der Basis der Vorschläge von 1982 bleibt den Initiativen der jeweiligen Regierungen überlassen. Eine Reihe von Lösungsvorschlägen sind für den Falkland-/Malwinenkonflikt von verschiedenen Seiten vorgebracht worden, deren Realisierung durch den Gang der Ereignisse überrollt wurde. Dennoch ist es nicht ausgeschlossen, daß eines der Modelle für eine Wiederaufnahme der Verhandlungen Bedeutung erlangt. Wenn dies der Fall sein sollte, verliert Großbritannien zwar eine unter großem Aufwand erlangte Position. Mit dem Abbau der Feindbilder und der Spannungen könnte zur Sicherung eines guten Verhältnisses zum demokratisierten Argentinien eine solche Entwicklung eingeleitet werden.
Im Raume stand zunächst eine Hongkong-Lösung. 39) Die Festlegung auf das Hongkong-Beispiel würde bedeuten, daß ähnlich dem Pachtvertrag England-China, der auf 99 Jahre befristet ist und 1989 abläuft, mit dem Territorium des Falkland-Archipels verfahren wird. Die Souveränität über die Inseln erhält Argentinien, während den Briten ein näher zu bestimmender Zeitraum gegen Pacht die Nutzung obliegt. Diese Lösung wurde auf britischer Seite von Nicolas Ridley vom Auswärtigen Amt protegiert. 40)

Ein komplizierterer, von US-amerikanischer Seite kommender Vorschlag, sah ein Zusammenspiel von England, Argentinien und USA vor, um die Autonomie der Falkländer sicherzustellen. Diese Lösung wurde verbunden mit dem Abzug der britischen Truppen. Den USA wäre damit faktisch die Garantie überlassen, daß Argentinien den Abzug der Briten nicht zu einer erneuten Besetzung ausnutzt. Die Anwesenheit des britischen Gouverneurs auf den Inseln wäre auf seiten der Argentinier zu akzeptieren.

Von deutscher Seite ist inoffiziell ein Modell 41) in die Diskussion gebracht worden, welches auf den Schutz der Nationalität der Inselbewohner abzielt und sieh an die Verhältnisse auf den Aaland-Inseln anlehnt. Auf den zu Finnland gehörenden Aaland- Inseln wohnen überwiegend Schweden. Dies führte zu Auseinandersetzungen, die 1921 vom Völkerbundsrat zugunsten Finnlands entschieden wurden. Den Aaländern wurde jedoch eine weitgehende Autonomie zugestanden, um den Nationalitätenschutz zu garantieren. Mit einer solchen Lösung wäre es möglich, dem Kern der britischen Bedenken, den Interessen der Bewohner zu entsprechen, seine politische Brisanz zu nehmen. Schwachstelle dieser Lösung ist die Garantiefrage.

Eine weitere Alternative zielt in Anlehnung an die Verhältnisse des Zwergstaates Andorra darauf ab, zwischen England und Argentinien ein Kondominium zu errichten. Diese Lösung wäre wohl nur als eine vorläufige zu betrachten, da an dem Willen der Argentinier, die Briten auf den Inseln abzulösen, nicht gezweifelt werden sollte. Eine solche Lösung wäre somit auch nicht ohne die Garantie Dritter machbar. Eine weitere, bisher unbeachtet gebliebene Möglichkeit ist die Aufteilung des Archipels. Rein geographisch ließe sich das wegen der topographischen Gegebenheiten leicht durchführen

42). Den Bewohnern bliebe die Entscheidungsmöglichkeit und den Briten bliebe der Antarktisanspruch erhalten. Auch eine solche Lösung verlangt nach Garantie von dritter Seite. An argentinischer Kompromißbereitschaft braucht, wie die Einigung mit Chile im Beagle-Streit zeigt, die Lösung nicht zu scheitern.

Eine sehr unkonventionelle Möglichkeit zeigt hingegen Hillenkamps 43) auf. Er meint mit einem Souveränitätstransfer an Argentinien in Verbindung mit dem "leasing back" des Archipels an Großbritannien den Wünschen der Parteien am ehesten gerecht zu werden. Darüber hinaus sieht sein Vorschlag eine Beteiligung Argentiniens an den Schätzen des Archipels sowie den Übergang der tatsächlichen Herrschaft innerhalb von 50 Jahren an Argentinien vor. Dieser Vorschlag, der eine Folge seiner juristischen Sicht der Lage ist, wobei er Argentinien das Territorialrecht und den Bewohnern das Selbstbestimmungsrecht zuerkennt, wird der Tatsache nicht gerecht, daß beide Punkte von den Parteien nach wie vor konträr gesehen werden. Darüber hinaus hat sich Argentinien durch sein gewaltsames Vorgehen vor der Weltöffentlichkeit ins Unrecht gesetzt. Großbritannien wird hingegen den durch hohen Einsatz gewonnenen strategischen Vorteil nicht ohne Entgegenkommen fallen lassen. Ein Entgegenkommen muß daher am Willen der Inselbewohner orientiert sein und diesen eine berechenbare Zukunftsperspektive einräumen. Eine Lösung orientiert am Heimatrecht der Bewohner spricht für die Aufteilung der Inseln unter Wahrung der Rechte der Bevölkerung.

In vieler Hinsicht ist eine Einigung im Südatlantik wichtig. Für die Wirtschaft kommt es auf die politische und rechtliche

Sicherheit in dieser Region an, um Investitionen überhaupt erst zu ermöglichen. Nicht zuletzt geht es um die Erhaltung des vorbildlichen Naturschutzes und des Friedens in der Region. Alle Welt hofft auf Lösungen, die zur Erhaltung der Stabilität und des Friedens im Südatlantik beitragen, auch über 1991 hinaus. Wesentliche Ansätze zur Verbesserung des defekten politischen Klimas waren bisher zweifelsohne die Wiederaufnahme diplomatischer Beziehungen zu Großbritannien im Februar 1990 sowie die Gewährung der Meistbegünstigungsklausel durch die EG auf der Basis eines Vertrages vom April 1990. Auch dieses Wirtschaftsabkommen war wegen des Konfliktes um mehrere Jahre aufgeschoben worden. Die Entsendung einer Marineeinheit während des Golf - Krieges diente der Konsolidierung der Beziehungen zu den USA.

6. Kapitel

*SCHUTZ FÜR DEN WEIßEN KONTINENT ANTARCTICA*

# SCHUTZ FÜR DEN WEIßEN KONTINENT ANTARCTICA

Die Antarktis wird oft als der sechste Kontinent unserer Erde bezeichnet. Jetzt noch nahezu unberührt steht die Eiswüste um den Südpol vor der Entscheidung von Wissenschaftlern und Wirtschaftlern, ob sie wieder als Naturpark erhalten bleibt oder zu einer Zone der Nutzung immenser Rohstoffe wird.

Die Bundesrepublik Deutschland ist einer der Konsultativstaaten, für deren Status Forschungsstationen oder intensive Forschungstätigkeiten in der Antarktis Voraussetzung ist. Alle zwei Jahre müssen die Konsultativstaaten des Antarktisvertrages zu einer Konferenz zusammenkommen. Der bis 1991 suspendierte Antarktisvertrag wurde zwar 1989 verlängert. Lediglich ein Zusatzprotokoll über Haftungsfragen zu Umweltschäden stünde daher noch aus. Mittlerweile hat man sich aber zu einer umfassenderen Lösung, zum Verbot des Abbaus von Rohstoffen innerhalb der nächsten fünfzig Jahre durchgerungen. Dies war immerhin das Resultat des Vorbereitungstreffens für die im Oktober 1991 in Bonn stattfindende Tagung im April desselben Jahres in Madrid. Als am 23. Juni 91 die Vereinigten Staaten von Amerika ihr Veto einlegten waren die übrigen Staaten enttäuscht.

Der Protokollentwurf der Sonderkonferenz der Antarktisstaaten in Madrid sah folgendes vor:
Das Verbot zum Abbau von Bodenschätzen kann erst nach fünfzig Jahren revidiert werden. Desweiteren sah dieser Entwurf vor, daß eine Aufhebung mit Drei-Viertel-Mehrheit der ca. 40 Antarktisstaaten bei Einstimmigkeit der Konsultativstaaten möglich ist. Auch dann sei aber eine Nutzung der Antarktis nur zugelassen, wenn keine Gefahren für die

Umwelt bestehen. Seit dem amerikanischen Veto war der Grundkonsens, mühsam erarbeitet in langen Sitzungen, wieder abhanden gekommen. In seiner Aufsehen erregenden Rede am Mt. Palomar nahm Präsident Bush sein Veto wieder zurück. Der Weg für Bonn war nun frei.

Die Antarktis ist das letzte ungenutzte Territorium der Erde. Es wird sich zeigen, ob es gelingt damit verantwortungsvoll umzugehen. Doch verantwortungsvoller Umgang setzt voraus, daß sich alle Signatarstaaten ihrer Verantwortung bewußt sind. Es mußte das Ziel sein Einigkeit zu erlangen, in dieser wesentlichen Frage, und diese Einigkeit sollte vertraglich fixiert sein.

Besonders die britischen Antarktisterritorien führten in der Vergangenheit häufig zu Streitigkeiten. Vor nicht allzulanger Zeit haben die Briten ihren Teil der Antarktis von der Verwaltungshoheit der Falkland Inseln abgekoppelt, was ihnen eine offizielle Verwicklung des Antarktisabschnitts in den Falkland/ Malwinenkonflikt ersparte. Inoffiziell gingen die Briten aber dennoch bewaffnet gegen argentinische Polarstationen vor. Andererseits vereinnahmten besonders die Argentinier propagandistisch den von ihnen beanspruchten Abschnitt des Kontinents indem sie ihn als "Argentarktis" bezeichneten (La Nacion v. 13. 7. 1982).

Ansprüche auf Teile der Antarktis, die von einer vertraglichen Regelung suspendiert würden: Die Ansprüche dieser Staaten überschneiden sich, bilden also Konfliktpotential:
Argentinien/Chile/Großbritannien
Großbritannien/Argentinien/Brasilien

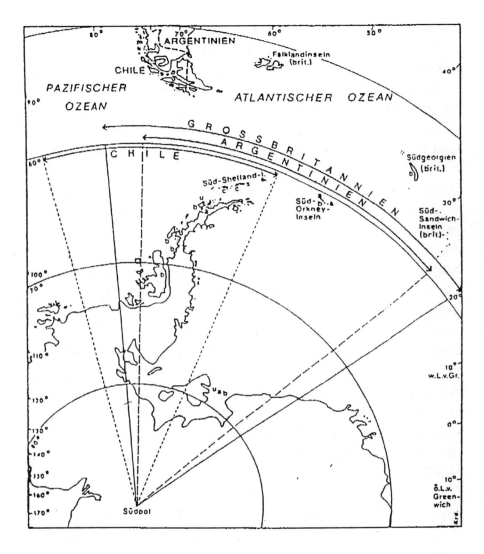

Der Art. 12,2 des Antarktisvertrages besagt: Einfrierung des Status Quo auf 30 Jahre. Ende dieser Frist ist 1991.

In den Geltungsbereich des Antarktisvertrages fallen alle Territorien südlich von 60 Grad südlicher Breite. Die Gebiete stehen der Welt durch diesen Vertrag zur friedlichen Nutzung offen. Die Bundesrepublik Deutschland nutzte die Regelung unter anderem zur Errichtung einer Forschungsstation mit dem Namen Gero von Neumeyer. Sie liegt etwa auf dem zehnten Längengrad und mußte aufwendig umgebaut werden, weil sie drohte, im ewigen Eis zu versinken. In die Schlagzeilen geriet die Gero von Neumeyer Station, als zum ersten Mal ein Team von neun Frauen die Besatzung stellte und in den extremen Verhältnissen der Antarktis überwinterte.

Auch strategisch ist die Antarktis von gewissem Interesse, was in Zeiten der Entspannung sicher niedriger zu bewerten sein wird. Nach dem Gesetz des Großkreises, der kürzesten Verbindung zweier Punkte auf der Erde, hätte die Spitze Südamerikas eine strategische Bedeutung als Antipodenbasis zur Bedrohung des ehemaligen Sowjetreiches. Dies setzt aber voraus, daß etwa U-Boot-Raketen zwanzigtausend Kilometer weit fliegen, eine vor Jahren noch nicht vorstellbare Weite. Über den Großkreis könnten so entsprechend stationierte Boote nach allen Seiten schießen, um eine Stelle bei den Antipoden zu erreichen. Auch wäre es möglich, durch zu errichtende Basen die langen Marschfahrten der U-Boote zu verkürzen.-Diese Gedanken sollten bei einer Zukunftsplanung für die Antarktis im Zeichen der Entspannung außen vor bleiben.

Am häufigsten wurde jedoch bei Verhandlungen in der Vergangenheit der Abbau von Bodenschätzen als Stein des Anstoßes für unterschiedliche Meinungen thematisiert. Sicherlich findet man in der Antarktis keine Bodenschätze, die nicht auch an anderen Orten der Erde in reichhaltigem Maße vorkommen. Es sind lediglich Spannungen und kriegerische Auseinandersetzungen, die bestimmte Bodenschätze zeitweilig schwerer zugänglich machen. Bisher bekannte

Bodenschätze sind Kohle in reichhaltigen Vorkommen, Kupfer, Eisen, Mangan, Molybdän und als vermutete vor allem Erdöl sowie Nickel. Die Oberflächenformen werden überwiegend von zusammenhägenden Hochflächen des Inlandeises gebildet, die in der Ost-Antarktis eine Höhe von bis zu 4500m erreichen. Die Eisdicke beträgt im Mittel rund 2000m und das Volumen des Inlandeises wird auf 24 Millionen m3 geschätzt, also 90% des Gletschereises der Erde und ist zugleich der überwiegende Teil der globalen Süßwasserreserven. Das Klima der Antarktis ist das strengste der Erde. Auf dem Kontinent bleiben die Mitteltemperaturen ganzjährig unter 0 Grad Celsius und in der Station Wostok wurde mit 88,3 Grad Celsius bereits die tiefste Temperatur der Erde gemessen. Die Mitteltemperaturen der wärmsten Monats Dezember betragen minus 29 Grad Celsius, die Mitteltemperaturen des kältesten Monats August minus 61 Grad Celsius. Diese Jahresmitteltemperatur von minus 5o Grad Celsius hat für die Umwelt zur Folge, daß Verunreinigungen kaum abgebaut werden, da in dieser Tiefkühlatmosphäre kaum Verwitterung stattfindet. Die Flora besteht auf dem Kontinent nur aus Flechten, Moosen und Algen, auf den subantarktischen Inseln auch aus Grasheiden und Tundren.

Die Fauna wird im Kontinentinneren von Insekten, Milben und Phyllopoden, im Küstenbereich von Seevögeln wie den Raubmöven, den Pinguinen und anderen gebildet. Auch Seesäuger, wie Robben und Wale kommen zahlreich vor. Angesichts der internationalen Schonbestimmungen haben sich die Bestände einiger Arten wieder erholt. Kaiserpinguin und Königspinguin brüten entfernt vor der Küste, wobei der Kaiserpinguin bis 1400 km. an den Südpol herankommt. An der Eisgrenze trifft man den Wanderalbatros, Schnee und

Eissturmvögel der Gattungen Pagodroma und Fulmarus, den südlichen Riesensturmvogel und die buntfüßige Sturmschwalbe. Der Seeleopard, Rossrobbe, Weddellrobbe und der Krabbenfresser, der auf Krillkrebse spezialisiert ist, künden von Artenreichtum. Antarktische Bartenwale, der Finnwal, der Blauwal sowie der Schwert oder Mordwal finden zu bestimmten Jahreszeiten ihre Nahrungsgrundlage in den Antarktischen Gewässern. Die modernen Walfangmethoden in den letzten vierzig Jahren haben die Bestände bis an die Grenze zur Ausrottung gebracht. Ähnliches gilt aber auch bezüglich der Robben. Als wichtigste Nahrungsgrundlage für die Fauna gilt der Krillkrebs, der die weitaus größte Eiweißreserve der Erde ausmacht und sich seinerseits von Plankton ernährt. Die Nahrungskette Krill-Krillfresser-Räuber wird auch für den Laien erkennbar.

Diese artenreiche Fauna gilt es zu erhalten und sie auch vor dem anstürmenden Tourismus und der mit ihm verbundenen Umweltverschmutzung zu bewahren. Wesentlich fataler aber noch wären Schäden infolge von bergbaulicher Nutzung. Allein die bereits bestehenden Forschungsstationen arbeiten nicht alle umweltfreundlich. So verstärken die reichen Länder zur Zeit ihre Präsenz im Eis, während die armen Länder ihre Forschungsstationen zum Teil abbauen. Die Station Gero von Neumeyer der Bundesrepublik auf dem Ekström Schelfeis, einer rund 200 Meter dicken Eisplatte am Kontinentalrand der Westantarktis wurde erneuert. Diese aus zwei parallelen circa 5o Meter langen Stahlröhren von acht Meter Durchmesser bestehende Unterkunft war durch Eisdrift und eine acht Meter hohe Schneedecke erheblich deformiert.

Ein Vertragswerk, das umfassenden Schutz dieses Erbes der Menschheit garantiert, gilt es zu wahren. Die Geltungsdauer des Vertrages, der 1961 in Kraft trat, war auf dreißig Jahre festgelegt worden. Opposition gegen jeglichen Bergbau in der Antarktis hat beispielsweise die Umweltorganisation Greenpeace immer schon betrieben. Aber auch die Entsendung des deutschen Forschungsschiffes Meteor betonte den Umweltaspekt frühzeitig. Die Betonung dieses Aspektes war dringlich angesichts der konkreten Vorhaben die rohstoffreiche Antarktis wirtschaftlich zu nutzen. Im Mai 1988 konnte sich im neuseeländischen Wellington die deutsche Delegation durchsetzen mit ihrer Forderung nach scharfen Umweltbestimmungen. Die damals beschlossene Konvention sah ein dreifaches Netz für den Umweltschutz vor. Umweltverträglichkeitsprüfungen vor jeder bergbaulichen Maßnahme, zweitens: ständige Inspektionen, drittens strenge Haftungsmaßstäbe. Ein Umweltartikel, der Art.4, in der Antarktiskonvention bindet jegliche Aktivitäten daran, daß die Informationen zur Beurteilung der Umweltauswirkungen vorliegen. So werden als Ausschlußgründe für den Abbau von Bodenschätzen folgende aufgezählt: erhebliche schädliche Auswirkungen auf Luft und Wasser, schwere Veränderungen der atmosphärischen, terrestrischen und maritimen Verhältnisse, erhebliche Veränderungen in der Verteilung oder Produktivität von Fauna und Flora, zusätzliche Gefährdung von bedrohten Arten, eine Verschlechterung oder substantielle Gefährdung von Gebieten mit biologischer, wissenschaftlicher oder ästhetischer Bedeutung, erhebliche schädliche Wirkung auf das globale und regionale Klima. Nicht gelungen war es dagegen, eine Schädigung der Bodenqualität in diesen Katalog aufzunehmen.

Auch die engen Haftungsbestimmungen hinsichtlich der Umweltschäden waren schon weitgehend konkretisiert. Die Haftung für Umweltschäden sollte nur dann bestritten werden können, wenn die Schäden durch ein Ereignis verursacht worden sind, das selbst unter den besonderen Bedingungen der Antarktis als Ereignis mit Ausnahmecharakter gilt, das nicht abzusehen war. Die vorgesehene unbeschränkte Haftung war dabei auf Grenzen eingeengt worden, die zunächst als gerechtfertigt erschienen.

Die Annahme, daß erst in der Mitte der neunziger Jahre mit einer Erkundung der wirtschaftlichen Nutzung der Antarktis begonnen werden sollte, relativierte die Dringlichkeit, da Bergbau erst um die Jahrtausendwende zu erwarten stand.

Jetzt, einige Jahre weiter, sind wir klüger geworden angesichts der sich ständig verschärfenden ökologischen Probleme der Erde. Bei den etwa 40 Staaten des Antarktisvertrages hat sich die Auffassung durchgesetzt auf eine Ausbeutung der Bodenschätze, die nach heutigem Stand der Technik mit erheblichen Schäden für die Natur verbunden wäre, die nächsten fünfzig Jahre zu verzichten. Die Haltung stabilisierte sich 1991 auf der Bonner Antarktiskonferenz. Fast alle Staaten unterschrieben das Protokoll und werteten die Angelegenheit dadurch auf, daß der Beschluß gefaßt wurde, sich nunmehr jedes Jahr zu einer Konferenz zu treffen.

# 7. Kapitel

## *DIE FALKLAND-MALWINEN ZEHN JAHRE NACH DEM STREIT*

# DIE FALKLAND-MALWINEN ZEHN JAHRE NACH DEM STREIT

Zehn Jahre danach ist Ruhe eingekehrt auf den heiß umkämpften Inseln, die so weit weg liegen von Europa und die von den Briten immer noch Falklands und von den Argentiniern Malvinas genannt werden. Die Argentinier haben zu Beginn des Jahres 1992 gerade ihre Währung vom Austral zum Peso umgestellt, befinden sich ständig in verheerenden Wirtschaftskrisen und sind mit sich selbst beschäftigt. Dasselbe gilt für Großbritannien, wo die Diskussion über den engeren EG-Zusammenschluß die innenpolitischen Probleme kaum überdecken kann. Aber das Vereinte Königreich zahlt weiter hohe Beträge für die Aufrechterhaltung der Truppenpräsenz auf seinem Kleinod im Südatlantik um nicht noch einmal ein 1982 zu erleben. Damals hatten die Argentinier die von ihnen seit 1833 beanspruchte Inselgruppe im Handstreich erobert und mußten durch eine aufwendige Schlachtflotte in zähem Ringen vertrieben werden.-

Der Krieg hat Argentinien die Demokratie gebracht, das autoritäre Regime hatte abgewirtschaftet und die zahllosen unter der Junta verübten Verbrechen wurden aufgedeckt sowie eine Reihe von Tätern der Justiz überantwortet. Dennoch ist vieles nicht aufgeklärt worden-die Mütter der Plaza del Mayo weinen heute noch- und die meisten verurteilten Offiziere und Ex- Terroristen wurden begnadigt (allein 1989 waren es 28o). Militärs, die Menschenrechtsverletzungen begingen und Guerillas die mordeten und raubten wurden im versönlichen Gnadenakt freigesetzt.

Auch die bilateralen Beziehungen der beiden Kontrahenden erhielten nach siebenjähriger Frostperiode 1989 im Rahmen des Außenministertreffens, an dem auf britischer Seite der heutige Premierminister John Major teilnahm, eine positive Wendung. Die Aufhebung von Handelsbeschränkungen 1), konsularische Beziehungen, Aufnahme des direkten Flug-und Schiffahrtsverkehrs und die definitive Beendigung aller Feindseligkeiten wurde noch im selben Jahr und die Aufnahme diplomatischer Beziehungen im Februar 199o erreicht. Insbesondere Argentinien manifestierte nicht zuletzt wegen seiner notorisch schlechten wirtschaftlichen Situation sein Interesse an internationalen Verflechtungen und Hilfen, die es in die Spitzengruppe der Schuldnerländer aufrücken ließ. So intensiviert sich der Dialog mit dem internationalen Währungsfond, die EG räumte Argentinien die Gatt-Meistbegünstigungsklausel für einen Fünfjahreszeitraum 2) ein und auch die Beziehungen zu den Vereinigten Staaten, die 1982 einen Knacks erhielten, waren 1991 bereits wieder so gut, daß Argentinien ein Truppenkontingent in den Golfkrieg schickte. Ob allerdings der in Lateinamerika bekannte und hierzulande berüchtigte Demokratie-Diktatur-Zyklus 3) mit der Wahl von Präsident Menem anhaltend stillsteht, hängt nicht zuletzt von dessen Erfolg in der Wirtschaftspolitik ab. Zum fünften Währungswechsel innerhalb von 22 Jahren führte die Tatsache, daß der 1985 eingeführte Austral im Vergleich zum Dollar von damals 1,25 Dollar auf 1992 0,00l Dollar an Wert verloren hat. Während Menem das Scheitern des Plan Austral noch seinem Vorgänger Alfonsin zurechnen kann, ist der neue Peso allein sein Werk, an dem man ihn messen wird.

Bestimmende politische Figur in Großbritannien, Triumphator und Initiatorin der "Festung Falkland" war 1982 Margaret Thatcher. Die Briten, die laut Winston Churchill ein schlechtes Gedächtnis besitzen, da sie Heldentaten schnell vergessen, wählten sie indes noch zweimal wieder, bevor die eigene Partei sie zum Rückzug zwang. Dennoch waren die beträchtlichen Kosten (bis 1987 nahezu acht Milliarden Mark) ständiger Kritikpunkt des britischen Steuerzahlers 4), der die 1600 Mann starke Garnison auf den als südlichster Außenposten Britanniens und Europas 13000 km entfernt liegenden Inseln nach wie vor finanzieren muß. Die britische Premierministerin hatte sich um die Nation verdient gemacht, hatte viel Beifall geerntet und war als bedeutendster Premier seit dem Zweiten Weltkrieg gefeiert worden. Auch PR-Aktionen, wie der Besuch der eroberten Inselgruppe im Scheinwerferlicht der BBC ließ Skeptiker kaum leiser werden, insbesondere aus den Reihen der Labour Party, die hier einen der wenigen Ansatzpunkte sahen, der Thatcher-Regierung Verschwendung vorzuwerfen. Ein Flughafen, der schwersten Transportflugzeugen Start- und Landemöglichkeit bietet und der Ausbau einer Infrastruktur, die den Daueraufenthalt der kasernierten Garnison ermöglicht, waren die wesentlichen Fixkosten auf der Rechnung. Immerhin, die Argentinier haben bei der Wiederaufnahme diplomatischer Beziehungen die umstrittene Souveränitätsfrage nicht angeschnitten, was allerdings nicht bedeutet, daß sie ein für allemal vom Tisch ist. Vielmehr haben sie den Olivenzweig nur in die Hand genommen, um sich nicht weiter zu isolieren.

Eine Art Abschreckung ist den Briten mit ihrer Festung Falkland anscheinend gelungen und wenn sie nur darin besteht, daß die Argentinier wissen, daß ihnen die Inseln wichtiger sind, als sie es einstmals wahrhaben wollten.- Frau Thatcher ist Schnee von gestern, wie die argentinischen Diktatoren, der hilfsbereite Ronald Reagan und so manch anderer Akteur, von dem die Geschichte weiß. So mußte auch Richard Masterson Hunt, Gouverneur seiner Majestät der Königin von England seinen Dienst nach langjähriger Tätigkeit quittieren und dem jüngeren William Fullerton Platz machen. Fullerton war Botschafter in Somalia, bevor er sein Amt in Port Stanley antrat.

Stellt man nun die Frage, ob die Ruhe, welche nach den weitreichenden Entscheidungen insbesondere der letzten drei Jahre auf dem kleinen Archipel eingekehrt ist, bei veränderter politischer Lage in Argentinien auch eine Ruhe vor dem Sturm sein könnte, wird dies wohl kaum zu bejahen sein. Hinzu kommt und dies im Hinblick auf eventuelle wirtschaftliche Interessen in der angrenzenden Region, daß sowohl Argentinien als auch Großbritannien dem Beschluß über ein Bergbauverbot für die nächsten fünfzig Jahre im antarktischen Bereich zugestimmt haben. Das Madrider Treffen und die Bonner Tagung vom Oktober 1991 haben auch hier eventuellen Zweiflern Zeichen gesetzt. Auch die internationale politische Situation hat sich so grundlegend verändert, daß die aus dem bipolaren Weltbild resultierende fast zwangsläufige Suche nach den Machtinteressen des Ostens vorläufig vernachlässigbar ist. Die Fischlizenzen im 150 Meilenbereich der Inseln haben auch nur geringe Attraktivität, sind aber ein wichtiger Faktor im Finanzhaushalt der Insulaner.-

Bleibt den Insulanern also nur noch eine Art Wächterfunktion am Kap Horn, der strategisch wichtigen Region im

Südatlantik und das Bewußtsein, weiterhin noch eine Spur globaler Verantwortung zu tragen, was immer schon Bestandteil des britischen Nationalstolzes war. Gedankt wird diese britische Haltung von keiner Seite, der Vorwurf des Kolonialismus wird von dritter Seite erhoben und die Lasten sind einseitig verteilt. In beschränktem Umfang brachte Londons Engagement aber auch Annehmlichkeit: Die Kelper, Bewohner des unwirtlichen Archipels gelangen durch die Garnison zu einem akzeptablen Lebensstandard. Ritten vor Jahren noch die Lehrer übers Land um zu den Schülern zu gelangen, so sorgen heute elektronische Medien für die Verbreitung von Bildung in die entferntesten Inselregionen. Ausbau der Infrastruktur, wie neuer Flugplatz, bessere Straßen, verbessertes Gesundheitswesen, einen Supermarkt, Bibliothek, Schwimmbad und weitere kulturelle Einrichtungen sorgen für Annehmlichkeit. Auch die Seelsorge wurde verbessert. Es gibt eine anglikanische Kathedrale, eine schottisch-protestantische Kirche und eine katholische Kirche.-Weniger angenehm für die Bewohner, um deren Rechte es 1982 auch ging, sind die gefährlichen Relikte des Krieges. Minenfelder, Blindgänger, verstreut liegende Waffen und Munition sind nicht immer durch Warnschilder zu sichern. Mancher Unfall in vergangener Zeit und auch in Zukunft weist darauf hin, daß es mit Sorglosigkeit und der Unbefangenheit vorbei ist.

Wie auch immer das Beharrungsvermögen der Argentinier, die seit 1833 in unregelmäßigen Abständen Forderungen stellen, mit den Vorstellungen der Briten, die an der Souveränität allein schon wegen der britischen Bevölkerung nicht rütteln lassen wollen, einhergehen wird, bleibt eines festzustellen: Die Briten werden 1982 nicht vergessen und die

Inseln wohl erst dann entmilitarisieren, wenn sie gewillt sind, eine einvernehmliche Lösung mit den Argentiniern zu vereinbaren. Bis dies möglich sein wird, leisten die britischen Söldner weiterhin Dienst nach Vorschrift für das so weit entfernte Vaterland auf den sturmumwehten, von der eisigen Brandung gezeichneten Klippen des Archipels.

Seit 1982 stehen zwei Feiertage unverrückbar in den Kalendern der Inselbewohner und denen des gegenüberliegenden Festlandes: der zehnte Januar als Margaret Thatcher Tag und der zweite April als Tag der Invasion, den die Argentinier feiern. Als deutliches Zeichen für eine weitgehende Normalisierung des britisch-argentinischen Verhältnisses sei jedoch die bilaterale Vereinbarung genannt, Erdölvorkommen um die Inselgruppe gemeinsam auszubeuten, die im Oktober 1992 geschlossen wurde.

8. Kapitel

*MEDIENZENSUR IM KRIEG VON HEUTE*

# MEDIENZENSUR IM KRIEG VON HEUTE

Niemals vorher in der Geschichte war Krieg ein derartiges Medienereignis, wie 1982 der Falkland/Malwinenkrieg und 1991 der Irak-Krieg. Über sämtliche Massenmedien ist der Krieg zu verfolgen, im Fernsehen mehrmals täglich in Nachrichten und Sondersendungen. Gerade aber dem Fernsehzuschauer wird besonders deutlich, daß es sich um gefilterte, d. h. zensierte Information handelt. Im Gegensatz zu den Printmedien enthalten viele Filme den unverblümten Zensurhinweis, sei er nun irakischen oder amerikanischen Ursprungs.

Wie läßt sich nun ein solcher Zustand mit den Postulaten einer europäisch-amerikanischen Wertegemeinschaft auf demokratischer Basis vereinbaren? Im Unterschied zu dem in den Medien präsentierten Falklandkrieg steht im Irakkonflikt die Demokratie der USA statt einer autoritären Militärjunta (Argentinien) dem alleinherrschenden Diktator Saddam Hussein gegenüber. Hier, wie auch im Falklandkrieg tritt Demokratie und die Form der offenen Gesellschaft in eine Bewährungsprobe gegen Autoritarismus, Totalitarismus und geschlossene Gesellschaft, basierend auf dogmatischer Weltanschauung.

Dabei weist gerade die Geschichte Europas und insbesondere Deutschlands eine Vielzahl dogmatischer Verirrungen auf, die in ihren Folgen mehr oder minder gravierend waren. Beginnend bei den zahlreichen üblen Judenpogromen in verschiedenen Ländern, bei den Hexenverbrennungen 1) des Mittelalters und fortfahrend mit den Missetaten aufgrund kommunistischer Ideologie stalinistischer Prägung 2) und dem

Nationalsozialismus mit seinen grausamen Folgen 3) reihen sich Beispiele aneinander ohne auch nur annähernd erschöpfend zu sein. Dogmatismus bildet die Voraussetzung für die Untaten, dogmatisch vertretene Heilslehren, in Gesellschaftsformen, die eine entgegengesetzte oder auch nur abweichende Auffassung schon sanktioniert und damit die Verbreitung verhindern will. Diese zwei Komponenten allein, verbunden mit der Aufhebung des Rechtsschutzes für das betroffene Individuum, sei es der Jude, sei es die als Hexe zu verbrennende Frau, sei es der russische Kleinbauer oder Oppositionelle im Irak, sind für die Konsequenzen maßgeblich. Der Orthodoxe, der Moslem oder Katholik in Jugoslawien ist hier einzubeziehen.

Demokratie versucht schon seit Athen diesen dogmatischen Verirrungen wirksam entgegenzutreten sowie die Freiheit und den Schutz des Individuums zu garantieren. England und die USA als klassische Demokratien zu bezeichnen liegt nahe, während Argentinien sich oft auf dem Weg zur Demokratie befand, diese aber nie vollends etablierte (bis 1982). In Irak gab es hingegen noch nicht einmal Ansätze zur Demokratisierung die nennenswert wären. Diesen Zustand teilt Irak mit vielen anderen arabischen Staaten, sodaß von einer völlig anderen gedanklichen Welt, die überdies vom Islam geprägt ist, ausgegangen wird. Der Diktator Saddam kam, dies sei noch erwähnt, 1979 nach einem Putsch an die Macht und regiert seitdem mit äußerster Brutalität. Politische Gegner machte er mundtot, den Krieg gegen den Iran zettelte er an und gegen die Kurden im Land setzte er Giftgas ein. Alleinherrschaft gestützt auf die Baath Partei praktiziert er seit Jahren.

Demokratie bedeutet aber nicht nur freie Wahlen und Rücktritt des Diktators sondern darüberhinaus die Annäherung an eine Gesellschaftsform bezeichnet als "offene Gesellschaft" 4). Der Begriff "offene Gesellschaft", zuerst verwendet im religiösen Sinne von H. Bergson 5) stand gegenüber der "geschlossenen Gesellschaft" als natürliche Form. K.R.Popper 6)setzte eine auf rationalem Boden stehende Unterscheidung entgegen. Die Abschaffung von Tabus steht für ihn im Vordergrund. Mystizismus wird lediglich als Relikt des Verlangens nach Rückkehr zur "geschlossenen"(überholten) Gesellschaftsform gewertet. Tabus kritisch gegenüberzustehen und nach Diskussion die Entscheidung auf die Autorität der eigenen Intelligenz zu stellen, ist Kern der "Offenen Gesellschaft". Das Individuum unterliegt einem Rechtsschutz, der von einer Ideologie als omnipotenter Heilslehre für jedermann, nicht aufgehoben werden darf 7). Der Führerpersönlichkeit Platons setzt Popper 8) den Sokrates entgegen, der in seiner Selbsterkenntnis und dem Wissen um die eigenen Beschränkungen als der einzig wirklich weise Staatsmann beschrieben wird. Er starb für Wahrheit und Redefreiheit 9.)

"Offene Gesellschaft" ist somit verbunden mit dem Herrschaftsverzicht der Herrschaftsinhaber, dem Beherrschten die Kriterien zur Bewertung ihrer Herrschaftsausübung vorzuschreiben 10). Der Vorschrift der Bewertung ist durchaus gleichzusetzen die Lenkung von Presseorganen, wie sie durch die Zensur erfolgt 11). Zu einer "offenen Gesellschaft" gehört eine freie, undogmatische Presse. Sie entspricht am ehesten der Verneinung totalitärer Methodik und Propaganda. Während die Vorläufigkeit aller Erkenntnis durch die "offene Gesellschaft" ihren Ausdruck findet, ist im Dogma der Anspruch auf Endgültigkeit existent. Im Postulat der "offenen

Gesellschaft" ist demnach bereits die Abkehr vom Dogmatismus angelegt, was Sokrates als Demokrat erkannte, als er vor Dogmatismus warnte. Wenn es sich bei der "offenen Gesellschaft" auch um eine Idealform handelt, so ist eine Annäherung an dieses Ideal doch erstrebenswert für alle Demokratien 12).

Als Beispiel, wie erdrückend Zensur auf Massenmedien wirkt, sei die Liste der Nachrichtenzensur im Falklandkrieg genannt, welche die argentinische Zeitung "La Prensa" Ende Juni 1982 seinem Lesepublikum offenbart. 13)

1. Nachrichten, die Panik hervorrufen könnten.
2. Nachrichten, die der nationalen Einheit entgegenstehen.
3. Nachrichten, die unglaubwürdig sind oder der offiziellen Information widersprechen.
4. Nachrichten, die ohne Autorisation argentinische Militäroperationen andeuten, sowie Informationen über Bewegungen und Truppenstärken geben.
5. Nachrichten, die meteorologische Vorhersagen im Bereich des Südatlantik beinhalten, sowie Informationen über Transportbewegungen auf dem Rio de la Plata und dem Meeresbereich.
6. Nachrichten, die militärische Allianzen mit Großbritannien sowie Neutralitätsbewegungen beinhalten, die sich zugunsten Großbritanniens auswirken können.
7. Nachrichten, die der psychologischen Zielsetzung des Feindes entgegenkommen können.

Besonders der siebte Punkt ist derartig schwammig formuliert, daß dem Journalisten die Arbeit sehr erschwert wurde. Aber auch Begriffe wie 'nationale Einheit' und 'Militäroperationen andeuten' wirken verunsichernd. Rigorose Überprüfung durch den Generalstab und harte Sanktionen bis zur Schließung des Presseorgans waren mit dieser Art der Zensur verbunden. Weisungsgetreues Verhalten der Presse 14) war die Folge bis zum Ende der Auseinandersetzungen, sodaß "La Prensa" schrieb: 15)

"Die Vertreter der Presse haben in der Ausübung ihres Berufes offensichtlich Diskretion und Vorsicht walten lassen in einer Situation, die für das Land besonders schwierig war. Ein Vertreter des Generalstabes hat dies anerkennend bestätigt." In derselben Ausgabe von "La Prensa" wird aber auch eindeutige Kritik an der Zensur laut, die für die Medien eine ständige Bedrohung darstellt 16). Die Militärjunta in Argentinien hatte nach dem verlorenen Krieg ausgedient und wanderte später wegen anderer Verbrechen zum Teil hinter Gitter.

Im Golfkonflikt herrscht bei beiden Konfliktparteien strenge Zensur. Der Irak unter Saddam Hussein läßt lediglich das propagandistisch nützliche Material passieren, wie siegesgewisser Jubel von Bevölkerungsteilen und, um die Alliierten anzuklagen, Trümmer zerstörter Zivilgebäude. Auch die Vereinigten Staaten zensieren die Medien. Optimistische Soldaten und gelungene Aktionen. Vorbei sind die Verhältnisse, wo, wie in Vietnam, der Journalist seinem Publikum unzensiert aus vorderster Linie berichten konnte. Hier schwingt etwas von einer Haltung mit, die sich, gestützt auf eindeutige

UNO-Beschlüsse nicht wieder, wie in den siebziger Jahren, ins Zwielicht bringen lassen will.

Ist diese Haltung akzeptabel wird sich der Zuschauer fragen, der ein Recht auf möglichst ausführliche Information hat. Akzeptabel kann aber allein eine Begründung für Zensur 17) sein, die das Interesse des Soldaten im Blickfeld hat, dessen Standort und Bewaffnung dem Gegner verborgen bleiben soll. Über diese Grenzen ging die Zensur der Argentinier im Falklandkrieg, der Iraker im Golfkonflikt, aber auch der Amerikaner im selben Krieg hinaus. Alles was über die aufgezeigten Grenzen der Zensur hinausgeht sind Einschränkungen, die der Demokratie, welche ins Rampenlicht tritt und den Diktator zu Recht anprangert, einen Bärendienst erweist und Spekulationen nährt.

Wenn der internationale Journalistenverband bekannt gibt, daß z.B. 1993 mindestens 75 Journalisten in Ausübung ihres Berufes getötet wurden, wobei der größte Teil auf die aktuellen Kriegsschauplätze entfällt, so wirft dies ein bezeichnendes Licht auf die angesprochene Problematik.

9. Kapitel

*SAHNEFRONT: SONDERFALL*
*DÄNEMARK DAMALS*

# SAHNEFRONT: SONDERFALL DÄNEMARK DAMALS

Im Rahmen der Operation "Weserübung Süd" wurde Dänemark am 9. April 1940 von deutschen Truppen eingenommen und stand bis zum 4. Mai 1945 unter deutscher Besatzung.

Viele der deutschen Landser, die vor allem in den letzten Kriegsjahren von der Ostfront erschöpft und verwundet nach Dänemark kamen, empfanden dieses Land als ein Paradies im Vergleich mit den Zuständen, die sie anderweitig erlebt hatten. Hier gab es Lebensmittel wie sonst nirgendwo und selten kam es zu offenen Feindseligkeiten der Bevölkerung 1).

Dennoch ist die Auffassung vieler, die diesen Zustand als friedlich empfanden, der dänische Widerstand habe nicht stattgefunden, falsch. Sicherlich hatte er bei weitem nicht den Umfang wie in Frankreich und in den besetzten Territorien der UdSSR, CSSR oder Jugoslawien. Auch war er bei weitem nicht so militant. Industriesabotage, Zugentgleisungen und eine Anzahl von Übergriffen gegen die Besatzer gab es aber dennoch.

Man kann den Beginn eines erwähnenswerten Widerstandes jedoch erst relativ spät feststellen. Noch 1942 berichtete der Redakteur Foss in einem Microfilmrapport an London:
"Wer heute Sabotage oder direkte Provokation verüben wollte, würde von fast allen verkannt. Den Krieg kennen wir nur aus der Zeitung. 2)"

Die letzten drei Kriegsjahre weisen hingegen eine ständige wachsende Anzahl von Aktionen der Widerstandsgruppen auf.

Für den dänischen Widerstand hatte Schweden eine zentrale Bedeutung. Der kurze Weg von Seeland über den Sund nach Schweden war leicht zurückzulegen und stellte somit eine ideale Verbindungsroute dar. 3) Deshalb bot Schweden gute Voraussetzungen zu einem Kommunikationszentrum für die Widerstandsbewegungen. Außerdem waren über Schweden leicht Kontakte mit dem alliierten Ausland aufrechtzuerhalten.

Das illegale Netzwerk von Seeverbindungen zwischen Dänemark und Schweden, auf dem zum Teil ein regelmäßiger Verkehr abgewickelt wurde, war gegen Ende des Krieges so umfangreich, daß eine ins einzelne gehende Beschreibung die gesamte Widerstandsorganisation widerspiegeln würde. Besonders wesentlich war für den Aufbau der Routen der Herbst 1943 mit der in Dänemark einsetzenden Judenverfolgung, da zu diesem Zeitpunkt noch keine organisierten Dienste eingerichtet waren. 4) Zwar gab es in den ersten Besatzungsjahren auch schon Seeverbindungen für den Widerstand nach Schweden, jedoch bei weitem nicht in dem Umfang, wie dies seit 1943 der Fall war. Flüchtlinge, Post, Propagandamaterial, Waffen und Sprengstoffe wurden auf diesen Wegen transportiert, und in Schweden wuchs eine umfangreiche dänische Kolonie heran, die den Kampf in Dänemark von außen unterstützte. 5)

Ab 1943 begann in Schweden der Aufbau einer dänischen Armee, welche im Falle einer Auseinandersetzung mit Dänemark schnell eingesetzt werden sollte 6) unter dem Kommando einer kleinen Gruppe dänischer Offiziere. Im Dezember 1943 begann die Ausbildung einer dänischen Volkseinheit 7) von 500 Mann, sodaß sich gegen Ende des Krieges immerhin 18000 Dänen in Schweden aufhielten.

Die Tatsache, daß Schweden als neutrale Demokratie alle dänischen Flüchtlinge mit unbegrenzter Gastfreiheit aufnahm und die Unterstützung des Widerstandes zum großen Teil über Schweden lief, macht dieses Land zum wesentlichen Eckpfeiler des dänischen Widerstandskampfes.

Im Verhältnis zu Schweden liegt England geographisch wesentlich ungünstiger, um Dänemark auf der gegenüberliegenden Seite der oft stürmischen Nordsee zu erreichen und den Widerstand wirkungsvoll zu unterstützen, sowohl zur See als auch aus der Luft. Dennoch hat England, nachdem die Luftherrschaft der Alliierten fest stand, sowohl aus der Luft als auch von der See aus den Widerstand in Dänemark mit Ausrüstung und Waffen versorgt, entgegen der Annahme von Churchill, der am 2. Februar 1940 noch jegliche Hilfe für Dänemark für unmöglich gehalten hatte. 8) Die absolute Hilflosigkeit Dänemarks, die seine Stellung zwischen den Machtblöcken zunächst prägte aufgrund der Tatsache, daß es in der Feuerlinie der deutschen Wehrmacht lag, wurde dadurch zwar nicht beseitigt, aber doch verringert.

Die ersten Kontakte mit den Alliierten wurden von den wenigen dänischen Widerstandsgruppen, die zu der Zeit bestanden, im Frühjahr 1942 eingeleitet. Bereits im August 1940 hatten die ersten Bemühungen begonnen, eine dänische Abteilung der SOE aufzubauen, der Special Forces Executive, deren Aufgabe es war, Widerstandsgruppen zu bilden und zu unterstützen. 9) Schwierigkeiten ergaben sich aus der Randlage im britischen Interessenbereich, aus der geringen aktiven Gegenwehr, welche die Dänen dem Einmarsch des Okkupanten entgegengesetzt hatten, aus der nach wie vor bestehenden Neutralität Dänemarks, aus einer fehlenden

Exilregierung und aus den nur geringen dänischen Guthaben außerhalb des Landes. 10) Darüber hinaus waren die britischen Reserven bis aufs äußerste durch den Krieg angespannt, was nur wenig zur Unterstützung fremder Belange übrigließ.

Churchill hatte den Engländern "blood sweat and tears" 11) versprochen, und dieses Versprechen war gerade dabei, eingelöst zu werden. Nach dem erfolgten Zusammenbruch in Norwegen, Holland, Belgien und Frankreich und angesichts der vernichtenden Niederlage bei Dünkirchen hatten die Engländer wenig Spielraum zur Unterstützung des dänischen Widerstandes. Dabei begannen sie zunächst einmal mit der Koordination der geplanten Sabotage. Herausragende Persönlichkeiten waren in dieser Beziehung der dänische Verleger Ebbe Munck und der Presseattaché Ronald Turnbull auf britischer Seite. 12) Des weiteren wurden Trainingslager errichtet, die sogenannten "home schools" der SOE zur Ausbildung für Spezialeinsätze. Die Ausbildung umfaßte Sabotagetechniken, Einbruchstechniken, Sprengen und Fallschirmspringen u.a., besonders Industriesabotage. 13)

In bezug auf Propaganda wurde zwischen schwarzer und weißer Propaganda unterschieden. Schwarze Propaganda geschah durch den dänischen Untergrund und die weiße Propaganda durch den BBC. Beide wurden koordiniert. Diesen Aktivitäten lag die Auffassung Churchills zugrunde, daß die besetzten Länder aus sich heraus nicht in der Lage waren, gegen die Okkupanten vorzugehen. "By themselves they will never be able to revolt" 14).

Dennoch war die britische Planung des Vorgehens in Dänemark zunächst sehr zögernd. Die verantwortlichen britischen Militärs stellten drei Anforderungen:

1. Aufbau und Unterstützung von Organisationen in den besetzten Staaten, die im Moment des deutschen Zusammenbruchs zur Stelle sind;
2. Sabotageaktivitäten von diesen Organisationen im Zusammenhang mit alliierten Militäroperationen;
3. Passiver Widerstand in allen Formen. Zu Anfang sollte nur die dritte Alternative durchgeführt werden.

Diese Entscheidung erwuchs auf dem Hintergrund der Geschehnisse in der Tschechoslowakei, wo die Ermordung von Heydrich durch zwei in England geschulte Tschechoslowaken sofort die Zerstörung der Untergrundbewegung einschließlich ihres Kommunikationsapparates durch den Okkupanten zur Folge hatte. Die Engländer nannten dieses Schema des vorsichtigen Vorgehens und der Spionage durch die "Prince organisation", "Prince plan" oder "P plan". 15) Man versuchte zunächst, einen Bruch mit dem Okkupanten zu vermeiden, um den Bestand der dänischen Armee zu garantieren.

Darüber hinaus behielt sich London vor, aktiver zu werden und über kurz oder lang den Auffassungen der Anfang 1942 gegründeten bürgerlichen Widerstandsbewegung zu folgen, die Politik der amtierenden dänischen Regierung mit Hilfe des Widerstandes zu zerstören und in den offenen Krieg überzugehen. 16) Eine solche Politik konnte nur ins Auge gefaßt werden vor dem Hintergrund der sich abzeichnenden alliierten Erfolge in Afrika, Sizilien und an der Ostfront. Vor allem machte sich die Unterstützung durch die Vereinigten Staaten von Amerika spürbar bemerkbar, deren OSS-Organisation mit der britischen SOE-Organisation in London unter dem Namen SHAEF (Supreme Headquarters Allied Expeditionary Forces) im Januar 1944 vereinigt wurde. 17) Damit hatten sich die Amerikaner allerdings auch weitgehend der englischen Führung in Europa untergeordnet. 18)

Die steigende Bedeutung des britischen Sabotagematerials läßt sich am Beispiel des Jahres 1943 aus der folgenden Statistik ersehen: 19)

|  | **Aalborg** | | | **Aarhus** | | | **Kobenhaven** | | |
|---|---|---|---|---|---|---|---|---|---|
|  | Brit. | Not Brit. | in all | Brit. | Not Brit. | in all | Brit. | Not Brit. | in all |
| **April** | 0 | 8 | 8 | 0 | 6 | 6 | 0 | 26 | 26 |
| **May** | 2 | 6 | 8 | 5 | 0 | 5 | 6 | 13 | 19 |
| **June** | 4 | 5 | 9 | 4 | 3 | 7 | 0 | 12 | 12 |
| **July** | 5 | 5 | 10 | 8 | 5 | 13 | 17 | 15 | 32 |
| **August** | 10 | 10 | 20 | 24 | 21 | 45 | 18 | 22 | 40 |
| **In all** | 21 | 34 | 55 | 41 | 35 | 76 | 41 | 88 | 129 |
| **Sept.** | 8 | 3 | 11 | 8 | 8 | 16 | No statement extant | | |
| **Okt.** | 2 | 1 | 3 |  |  |  |  | | |

|  | **Odense** | | | **Ialt** | | |
|---|---|---|---|---|---|---|
|  | Brit. | Not Brit. | in all | Brit. | Not Brit. | in all |
| **April** | 0 | 12 | 12 | 0 | 52 | 52 |
| **May** | 0 | 16 | 16 | 13 | 35 | 48 |
| **June** | 0 | 4 | 4 | 8 | 24 | 32 |
| **July** | 5 | 11 | 16 | 35 | 36 | 71 |
| **August** | 13 | 15 | 28 | 65 | 68 | 133 |
| **In all** | 18 | 58 | 76 | 121 | 215 | 336 |
| **Sept.** | 6 | 3 | 9 | 22 | 14 | 36 |
| **Okt.** | 0 | 5 | 5 | 2 | 6 | 8 |

Eine- wenn auch nicht bedeutende- Rolle spielten die Dänen, welche zeitweise oder überhaupt sich zum Zeitpunkt der Invasion in England aufhielten. 20) Sie gründeten am 30. September 1940 eine Organisation, die sich "Danish Council" nannte und ihren Einfluß von England aus versuchte, geltend zu machen unter dem Banner: "together with Great Britain for the liberation of Denmark". Der ehemalige, konservative, dänische Handelsminister Moeller, der aus der dänischen Regierung ausscheiden mußte, ging nach England und übernahm den Vorsitz des "Danish Council", welcher sich neben der Befreiung Dänemarks auch die Anknüpfung von Beziehungen mit der Sowjetunion zum Ziel gesetzt hatte. So flog der Vertreter des dänischen Widerstandes Dossing 1944 über London nach Moskau, wo er die Beziehungen mit der Sowjetunion anknüpfte. 21) Diese Aufgabe war zweifellos viel schwieriger als bei den Westmächten, da die Sowjetunion den Abbruch der diplomatischen Beziehungen im Jahre 1941 als feindlichen Akt wertete. Dennoch waren die Sowjets nicht abgeneigt, Kontakte zum Widerstand aufzunehmen, da es dem "Danish Council" gelungen war, die Politik der offiziellen dänischen Regierung als unter Zwang herbeigeführt darzustellen.

Schon in Stockholm wurde klar, daß die Sowjetunion lediglich die Widerstandsbewegung als Stimme Dänemarks und nur ihre Abgesandten als Repräsentanten Dänemarks betrachtete. 22) Als Dossing dann über Stockholm nach London und von dort nach Moskau flog, hatte er zunächst den Eindruck gewinnen können, daß die Sowjetunion Dänemark als Alliierten annehmen würde, da das Wort 'Alliierter' von Madame Kollontay in der Sowjetischen Vertretung in Stockholm gefallen war. 23) Dennoch stellte sich Moskau in einer Erklärung vom 1. Juli auf den Standpunkt, daß die Tatsache, daß der Widerstand anerkannt wird, keine Amnestie für die Politik von 1941 bedeute, obwohl die Westmächte versuchten, diese Festlegung der Sowjets in eine andere Richtung zu beeinflussen. 24) Eine Anerkennung als Alliierter wurde weder Dänemark noch dem "Freiheitsrat" oder dem "Danish Council" gewährt, obwohl Dossing als Vertreter des Widerstandes 25) in Moskau blieb.

# 10. Kapitel

## *"VERTEIDIGUNG"*
## *EINER DEMOKRATIE ALTERNATIV*

# "VERTEIDIGUNG" EINER DEMOKRATIE ALTERNATIV

Die nun folgende Denkschrift "Kritik am Konzept der Sozialen Verteidigung" baut auf meiner 1990 erschienen Studie über Dänemark im II Weltkrieg: "Der Krieg fand in der Zeitung statt", auf. Die international dann neu geordneten Verhältnisse, sowie zunehmende Instabilität der östlichen Mächte verlangten nach kostengünstiger aber dennoch wirksamer Verteidigungskonzeption. Die Alternativen sollten daher nicht von vornherein ungeprüft verworfen werden. Unter den Bedingungen vor dem entscheidenden Jahr des Umbruchs (1990) ist "Soziale Verteidigung" kein gangbarer Weg gewesen. (siehe: ders. Verfasser in Europäische Wehrkunde 8/1985 S. 430) Meine Auffassung kritisiert: Ebert in: Heisenberg/Lutz, Sicherheitspolitik kontrovers, Bonn 1987, S. 604. Nachdem die Politik der Stärke mit den Abrüstungskonzepten ihre Aufgabe erfüllt hat, darf nun wieder die Zukunft ins Auge gefaßt werden. Dennoch sollte der Nutzen historischer Erfahrung nicht außen vor bleiben.

Die Diskussion um die Militarisierung des Weltraumes hatte mit der Neuorientierung Präsident Reagens im März 1983 zugenommen. Das SDI-Programm, an dessen Verwirklichung auch die Bundesrepublik teilhaben sollte der Rogers-Plan, Air-Land-Battle und die Vorneverteidigung der NATO war Kernpunkt einer breitgefächerten Diskussion, welche in sämtlichen politischen Parteien geführt wurde.

Während in den etablierten Parteien ein Grundkonsens über die Art der Abschreckungsstrategie der NATO bestand und lediglich das Maß und die Schwerpunkte der mit hohem finanziellen Aufwand verbundenen Rüstung diskutiert wurde, vertraten alternative Bewegungen ein anderes Konzept, dessen Grundlagen am Fallbeispiel Dänemark im folgenden dargestellt und kritisiert werden sollen.

Sharp, Galtung und Ebert haben in den sechziger und siebziger Jahren unabhängig voneinander ein Konzept entwickelt, welches Ebert als "Strategie der Sozialen Verteidigung" bezeichnet. Dieses Konzept wurde anhand historischer Fallbeispiele entwickelt, die nach Ansicht der Autoren eine im wesentlichen erfolgreiche Durchführung dokumentieren. Das Fallbeispiel Dänemark nimmt hierbei für Ebert eine besondere Stellung ein, weil es dort während des Zweiten Weltkrieges gelang, bei geringen eigenen Verlusten ein hohes Maß an Selbständigkeit und Lebensstandard zu erhalten.

1. Voraussetzungen

Grundsätzliche Voraussetzung für Soziale Verteidigung ist zunächst, daß eine konventionelle Verteidigung gescheitert ist oder gar nicht stattgefunden hat. In Dänemark ist der halbherzige Versuch einer konventionellen Verteidigung gegen eine erdrückende Übermacht nach kurzem Kampf abgebrochen worden. Für einen Guerillakrieg im Sinne Mao Tse-Tungs fehlten die grundlegenden Voraussetzungen. Dänemark ist für ein solches Vorhaben viel zu erschlossen [1] und hat auch nicht die räumliche Ausdehnung oder die unzugänglichen Gebiete, die ein Guerillakrieg voraussetzt, und die zum Beispiel in Jugoslawien, Vietnam oder China gegeben waren.

So blieb den Dänen nichts anderes, als einen eigenen, den bestehenden Verhältnissen angemessenen Abwehrkampf zu führen, der vom geistigen Widerstand 2) bis zur Sabotage 3) reichte.

Sprengungen an Eisenbahnanlagen

| 1942 | 1943 | 1944 | 1945 |
|------|------|------|------|
| 6    | 175  | 328  | 1305 |

Wirtschaftssabotage

| 1940 | 1941 | 1942 | 1943 | 1944 | 1945 |
|------|------|------|------|------|------|
| 10   | 19   | 122  | 969  | 867  | 687  |

Die Beantwortung der Frage, inwieweit Bevölkerung und Regierung die friedliche Lösung der Besetzung bis zum Bruch der Kollaborationspolitik mittrugen und wie die darauffolgende Lösung unter dem Aspekt der Verteidigung einer bereits okkupierten kleinen Demokratie zu werten ist, ist für das Konzept der Sozialen Verteidigung von exemplarischer Bedeutung, wenn Teile des Instrumentariums eine Anwendung fanden, obwohl das Konzept weder bekannt noch etwa eingeübt war.

Ausgangsposition des Konzeptes ist, daß nicht mehr die Scholle, sondern die Art zu leben und somit die in der Verfassung niedergelegten Grundsätze zu verteidigen sind. 4) Dabei ist die ideale Voraussetzung in der Theorie des zivilen Widerstandes die Demokratie mit dem Prozeß der politischen Legitimation, noch besser dem Willensbildungsprozeß von unten nach oben. 5) In bezug auf die politische Legitimation erfüllt Dänemarks repräsentative Demokratie auch diese Anforderungen, während die Willensbildung zunächst nicht von unten nach oben verlief.

Eine zentrale Rolle nahm im Entscheidungsprozeß der Zusammenarbeitsausschuß ein, der die wesentlichen Entscheidungen trug und dessen Zusammensetzung aus den Mitgliedern der Sammlungsregierung bestand, welche wiederum das Parteiensystem mit Ausnahme der rechts- und linksextremen Parteien umfaßte. 6) Damit war die Opposition mit in die Regierung aufgenommen und die parlamentarische Kontrolle nahezu ausgeschaltet. Die Presse mußte versuchen, das Defizit an parlamentarischer Kontrolle auszugleichen, was ihr bei der sich verschärfenden Zensur seitens des Okkupanten laufend schwerer fiel. Die Folge war eine sich vergrößernde Informationslücke an der Basis im Volk, wo das Verständnis für die kollaborative Tätigkeit der Regierung immer mehr zurückging. Der Ersatz der legalen durch die illegale Presse mit ihrer auf den Bruch der Kollaborationspolitik gezielten Informationspolitik 7) brachte u. a. den Umschwung und die Abwendung der Bevölkerung von der Regierungspolitik.

Der Bruch der Kollaborationspolitik im August 1943 geschah in einem komplizierten Zusammenspiel von Aktionen des Volkes und der Widerstandsbewegung sowie der folgenden Reaktion des Okkupanten, welcher im erhitzten politischen Klima die Regierung vor Anforderungen stellte, die außerhalb des dem dänischen Volk gegenüber Verantwortbaren lagen. Ausnahmezustand, Streikverbot, Pressezensur, Standgerichte, Entwaffnung und Todesstrafe für Sabotage waren Punkte in der Liste des Reichsbevollmächtigten Best.

Damit war der Bruch der Kollaborationspolitik als Folge der Aktionen des Volkes auch eine Folge der Kundgabe des Unwillens, diese Politik länger zu dulden. Diesbezüglich verlief also die Willensbildung von unten nach oben.

2. Mittel der Sozialen Verteidigung und ihre Anwendung

Wichtigstes Mittel der Sozialen Verteidigung ist dynamische Weiterarbeit der Regierung ohne Kollaboration 8), wodurch der Rückhalt im Volk gesichert bleiben soll. Dadurch, daß es der Regierung Scavenius nicht mehr in ausreichendem Maße gelang, ihre Politik der verantwortungsvollen Kollaboration 9) vor dem Volk zu legitimieren, andererseits es aber auch nicht möglich schien, die Kollaboration einzustellen, ohne Reichskommissariat und DNSAP-Herrschaft heraufzubeschwören, war dieser Bruch unvermeidbar geworden. Die Tatsache, daß er erst im vierten Jahr der Okkupation geschah, zeigt, daß eine verantwortungsvoll ausgeübte und dem Volk gegenüber ständig legitimierte, wenn auch opportunistische Kollaborationspolitik, deren Opportunismus darin bestand, dem Volk und sich selbst Leiden zu ersparen, denen andere Völker, zum Beispiel Norwegen, unterworfen waren, vom Volk lange geduldet wird. Daraus ergibt sich, daß totale politische Anpassung und verantwortungslose Kollaborationspolitik nicht unbedingte Folge einer Okkupation sein müssen, wenn eine Gewaltherrschaft des Okkupanten verhindert werden soll.

Wichtiger weiterer Gesichtspunkt, der die dynamische Weiterarbeit bei Okkupation begründet, ist der Kostenfaktor, den es für den Okkupanten darstellen soll, die Arbeit in die von ihm gewünschte Richtung zu leiten. 10) Einhergehen damit müßte der konsequente Ungehorsam des Okkupierten. 11) Erst durch diesen Aspekt wird die Überwachung und

Anleitung durch den Okkupanten aufwendig. In Dänemark geschah eher das Gegenteil, nämlich die Erfüllung der Forderungen, so daß durch die verantwortungsvolle Kollaboration zwar verhindert worden ist, daß sich norwegische Zustände einstellten, wo Reichskommissar Terboven letztendlich alles in der Hand hatte, andererseits jedoch dem Okkupanten gestattet wurde, mit einem Minimum an Beamten und Überwachungspersonal zurechtzukommen, indem die Regierung sich wie ein Schutzschild vor das Volk stellte und für die Durchsetzung der Forderungen des Okkupanten sorgte. Der Okkupant kämpfte also lediglich mit der Regierung um das Einverständnis für seine Wünsche, während es ihm erspart blieb, sich in zäher Auseinandersetzung mit dem Volk zu behaupten. Nach dem Bruch der Kollaborationspolitik im August 1943 übernahm die Verwaltung die Aufgabe, die Wünsche und Forderungen des Okkupanten erfüllen zu helfen.

Die kurze Zeit bis Mai 1945 wurde dann auch zu einer Zerreißprobe, bei der der Widerstand einen sprunghaften Aufschwung nahm, und während der die Okkupationsmacht sogar zum Nachgeben gezwungen war, zum Beispiel beim Volksstreik in Kopenhagen. Dennoch wurde auch während dieser Zeit dem Willen des Okkupanten viel zu sehr entsprochen, als daß man von dem Idealfall der geschlossenen Gehorsamsverweigerung sprechen könnte. Ein großer Teil der dänischen Wirtschaft arbeitete sogar im Auftrag des Reiches. Der Erfolg dieser Taktik war lediglich, daß der Okkupant weder in der Regierung bis zum Bruch der Kollaborationspolitik noch in der Verwaltung bis zur Kapitulation eine Basis errichten konnte, welche aus Überzeugung seine Politik unterstützte. Daher trat auch mit dem Ende der Besetzung in

Dänemark keine Zäsur in der Landesgesetzgebung und-verwaltung ein. 12)

Die Folge der geschlossenen Gehorsamsverweigerung hätte eine Vervielfachung der eingesetzten Kräfte des Okkupanten sein können, der mit einer hohen Anzahl von Fachkräften jeden Gehorsamsverweigerer zu überwachen bzw. die Arbeiten selbst durchzuführen hätte, was zu einem immensen Kostenaufwand geführt hätte. 13) Diese Alternative ist jedoch sehr unwahrscheinlich. Bei der brutalen Form des Vorgehens totalitärer Regime hätten Erschießungen und Mißhandlungen, zum Beispiel Folter, wohl sehr bald die Konsequenz, daß die meisten ihre Beschäftigung wieder aufgenommen hätten. Eine solche Strategie geschlossen durchzuführen, bedarf zumindest einer gründlichen Vorbereitung und Einübung, da bereits Einschüchterungsversuche des Okkupanten ansonsten zu wirksam sind. Ebert fordert eine offizielle Selbstverpflichtung bei gemeinsamer Einübung solcher Verteidigungsmaßnahmen. 14)

In Dänemark fehlte es jedoch an der entsprechenden Konzeption sowie an der Einübung derselben. Dennoch ist es Dänemark gelungen, die Selbstbestimmung über Regierung, gesetzgebenden und rechtsprechenden Organen und der Verwaltung bis zum Bruch der Kollaborationspolitik im August 1943 zu erhalten, dank der Schutzschildfunktion, welche die dänische Regierung gegenüber dem Okkupanten ausübte. Danach wurde das Land nur noch unter Aufsicht des Reichsbevollmächtigten Best verwaltet, während sich der Freiheitsrat dank seines Einflusses auf die Bevölkerung immer mehr zur Untergrundregierung entwickelte. Während sich die Machtbefugnisse der ehemaligen Regierung in den Händen der Departmentchefs konzentrierten, welche durch ihre Weiterarbeit die direkte Kontrolle des Okkupanten verhinderten, hatte auch der Freiheitsrat als Organ längst das Vertrauen der Bevölkerung gewonnen und war zum Repräsentanten Dänemarks bei den Alliierten, zum Organisationszentrum des Widerstandes und letztlich mangels einer offiziellen zur de facto-Regierung in Dänemark geworden. 15) Die Untergrundregierung wegen ihrer Heimlichtuerei und der Verbreitung von Mißtrauen in ihrer Umgebung im Konzept der Sozialen Verteidigung als die letzte aller gangbaren Möglichkeiten angesehen 16), mußte sich in dieser Form aufbauen, da die legalen Organe in Dänemark keine Exilregierung zuließen und das Ausweichen in unbesetzte Landesteile in Dänemark nicht möglich war.

Die Rechtsprechung war teilweise von den Gerichten des Okkupanten übernommen worden 17), während Schulen und Universitäten, Industrie, die Landwirtschaft und die Kirchen selbstbestimmt blieben, wobei aber Landwirtschaft und Industrie in ihren Exporten vom Okkupanten abhängig waren 18), die Selbstbestimmung also eine scheinbare war.

Eine Sonderrolle spielte die Presse, die, immer schärfer zensiert, zunehmend durch die illegale Presse ersetzt wurde. Damit blieb ein wichtiges Massenkommunikationsmittel selbstbestimmt. Der Zensur im Rundfunk konnte mit der Abhörung eines Auslandssenders (z. B. BBC) begegnet werden. Die Stärke des Okkupanten wächst jedoch mit der Unterstützung, die ihm gewährt wird 19), während der konstruktive Ungehorsam ihn schwächt. Ausweichmanöver prägten jedoch das Bild der Okkupation in Dänemark und nicht der konstruktive Ungehorsam. Die Selbstbestimmung wurde überwiegend hinter dem Schutzschild der Regierung erreicht und in Bereichen, wo der Okkupant Einfluß gewann, durch Abwanderung in die Illegalität. Durch diese Taktik wurde es jedoch dem Widerstand möglich, sich zu organisieren, während andererseits dem Okkupanten soviel Freiraum blieb, schwarze Listen anzufertigen und Unterdrückungskampagnen einzuleiten.

Dies war ihm möglich, weil er über eine zwar nicht große, aber doch hinreichende Anzahl von Kollaborateuren aus Überzeugung 20) verfügte, die ihm Spitzeldienste leisteten und nach dem Bruch der Kollaborationspolitik bei den Terror- und Unterdrückungsmaßnahmen Unterstützung leisteten. Bei diesen Handlangerdiensten taten sich vor allem das Schalburg-Corps 21) und DNSAP-Mitglieder hervor.

Anstelle des kollektiven Ungehorsams gegenüber dem Okkupanten bei konstruktiver Weiterarbeit im Sinne der eigenen Interessen gab es in Dänemark einige Mittel, die in ihrer Anwendung jedoch nur begrenzt tauglich waren.

So war das Wegtauchen 22) in den Untergrund vor und nach dem Bruch der Kollaborationspolitik, zum Beispiel der Kommunisten, der Presse, der dänischen Soldaten nach Auflösung der Armee 1943, der dänischen Polizisten, um der Deportation zu entgehen, u.a. einerseits dazu geeignet, die illegale Kommunikation zu verbessern und eine schlagkräftige Sabotageorganisation zu errichten. Andererseits entstand dadurch für den Okkupanten zunächst kein neuer Aufwand, wie er hätte entstehen können, wenn diese Leute am Arbeitsplatz geblieben wären und in zäher Auseinandersetzung diesen gewaltlos verteidigt hätten.

Die Sabotageaktionen 23), welche überwiegend an dänischen Produktionswerkstätten verübt worden sind, hatten sowohl eine selbstschädigende als auch eine den Okkupanten schädigende Komponente. Der Selbstschädigung durch den Arbeitsplatzverlust und volkswirtschaftliche Einbußen stand die Schädigung der Produktion für den Okkupanten entgegen. Im Falle Dänemarks hätte speziell wegen der einseitigen ökonomischen Abhängigkeit 24) vom Okkupanten eine Weigerung, für diesen zu produzieren, zu Beginn der Okkupation nahezu selbstmörderisch sein können, da die Unterbrechung der Rohstofflieferungen für Dänemark den wirtschaftlichen Ruin bedeutet hätte, während der Ausfall der dänischen Produkte für den Okkupanten sicherlich anderweitig kompensierbar gewesen wäre. Dennoch wäre es unter dem Aspekt der Kosten-Nutzen-Rechnung angesichts der fortschreitenden Zwangslage, in der sich der Okkupant durch den stetigen Verlust an besetzten Gebieten seit Stalingrad und El Alamein befand, eventuell möglich gewesen, den Okkupanten zu größeren Zugeständnissen bezüglich der Eigenständigkeit zu bewegen. Allerdings bestand dabei das Risiko erheblicher Repressionen als Antwort auf solche Versuche.

Strategischen Wert hatte hingegen die Eisenbahnsabotage, speziell durch die Blockade des Nachschubs während der Ardennenoffensive. Durch diese Maßnahme wurde sicherlich ein Beitrag zum Erfolg der alliierten Offensive geleistet, die ja letztlich auch zur Befreiung Dänemarks führte (siehe Schaubild Seite 125).

Diese Maßnahme hatte jedoch keinen direkten Bezug zur Selbstbehauptung im eigenen Lande, wozu die vorher genannten Mittel beitrugen. Somit erwiesen sich Sabotage und das Abtauchen in den Untergrund größerer Kreise als lediglich begrenzt taugliche Mittel zur Selbstbehauptung gegenüber dem Okkupanten, jedoch als das wohl effektivste angewandte Mittel, um die Kriegsführung des Okkupanten zu schädigen und damit zum Erfolg der Alliierten, wenn auch nur minimal, beizutragen.

Ein Mittel, welches der dynamischen Weiterarbeit im Spektrum der Sozialen Verteidigung entgegensteht, ist der Volksstreik. Wenn auch die Wirksamkeit des Volksstreiks im allgemeinen als Mittel der Sozialen Verteidigung angezweifelt wird 25), da die Eigenschädigung überwiegt und der Okkupant im allgemeinen autark von der Versorgung der Okkupierten existiert, so sollte doch im speziellen Fall Dänemark eine gewisse Wirksamkeit dieses Mittels doch zugestanden werden. Im Kopenhagener Volksstreik ist es dem Freiheitsrat gelungen, dem Okkupanten seine Bedingungen aufzuzwingen. 26)

Das lag zum einen daran, daß im Sommer 1944 der Okkupant daranging, an allen Fronten seine letzten Reserven zu mobilisieren, um den schon drohenden Zusammenbruch zu verhindern, und auch die dänische Produktion wichtiger denn je in seinem Versorgungssystem war. Zum anderen lag es daran, daß die Besatzungsmacht ihre eigene Konzeption von Sicherheit und Ordnung derart gefährdet sah, daß sie als Alternative zu Aufruhr und Chaos nur noch die Möglichkeit sah, entweder selbst die Stellen, die bestreikt wurden, zu besetzen oder den Forderungen nachzugeben. Gegenmaßnahmen wie Abschaltung der Elektrizität und des Wassers hatten sich als nicht effektiv genug herausgestellt.
Dieses Beispiel zeigt, daß der Volksstreik durchaus als ein wirksames Mittel in dieser Auseinandersetzung mit dem Okkupanten in diesem späten Stadium des Krieges zu betrachten ist, wobei allerdings der Nachteil der hohen Selbstschädigung mit in Betracht zu ziehen ist.

Unterstützend für einen Volksstreik wirken Demonstrationen, wobei jedoch geraten wird, möglichst zahlreiche kleinere

Demonstrationen durchzuführen, um den Okkupanten zu zwingen, die großen Truppenverbände zu zerstückeln. 27) Kleinere Gruppen von Soldaten sollen dann eher ins Gespräch gezogen und über die Vorstellungen der Verteidiger informiert werden können. Hinderlich ist dabei vor allem die Sprachbarriere, wie sie zwischen Deutschen und Dänen während der Besatzungszeit bestand. Daher hatten die Demonstrationen in Dänemark, zum Beispiel in Kopenhagen, eher die Funktion, das Klima aufzuheizen und Druck auf die Entscheidungen der jeweils Verantwortlichen auszuüben. Nach der Judenverfolgung war durch Terroraktionen des Okkupanten und seiner Handlanger in der Bevölkerung der Haß soweit geschürt, daß es während der Demonstrationen immer wieder zu gewaltsamen Übergriffen kam. Bei solchen Zwischenfällen kamen zahlreiche Zivilisten ums Leben. 28)

Derartige Vorkommnisse verstoßen gegen das Prinzip der Gewaltfreiheit im Rahmen der Sozialen Verteidigung. Sie verhindern nämlich, daß der Okkupant sich durch seine Brutalität gegen friedliche Demonstranten negativ abhebt und sowohl offiziell als auch vor der Weltöffentlichkeit moralisch ins Unrecht setzt.

Dies gefährde nach Ebert die Truppenmoral des Okkupanten und untergrabe die propagandistische Rechtfertigung der Invasion. 29) Voraussetzung ist jedoch in einem solchen Fall die Präsenz der Weltöffentlichkeit. Diese würde bei einem solchen Ereignis sicherlich vom Okkupanten in ihrer Arbeit erheblich behindert. Außerdem zeigt das Beispiel der Demonstrationen in Kopenhagen, daß solche Konfrontationen eine verlustreiche Form der Auseinandersetzung sind. Im Zusammenhang mit dem Volksstreik gab es in der dänischen

Zivilbevölkerung allein am 31. Juni 227 Verwundete und 16 Todesopfer. 30)

Eine im Sinne der Sozialen Verteidigung wenig fruchtbare Haltung war die persönliche Distanz 31), mit der die Dänen den Soldaten des Okkupanten entgegentraten. Sicherlich ist eine solche persönliche Distanz der Sache dienlicher als Kollaboration oder Begeisterung, welche in Nordschleswig auf Seiten der deutschen Minderheit herrschte. Dennoch sind es gerade der Kontakt mit den Soldaten des Okkupanten, das persönliche Gespräch und die vermittelte eigene Auffassung, die geeignet sind, die Hemmschwelle für die Abgabe oder Ausführung von Terror- und Mordbefehlen höherzusetzen. Nebenbei wäre es dadurch möglich gewesen, auf Widersprüche innerhalb des gegnerischen Systems hinzuweisen, zum Beispiel zwischen der nationalsozialistischen Rassenideologie und dem Verhalten gegenüber dem "nordischen Menschen" in der Praxis, und eventuell Einfluß auf die Truppenmoral zu nehmen. Es steht jedoch zu erwarten, daß ein Okkupant in solchen Fällen seine Soldaten anweist, Distanz zur Zivilbevölkerung zu halten.

Durchaus im Sinne der Sozialen Verteidigung war das Abblocken der kulturellen Annäherungsversuche 32) des Okkupanten durch die Haltung der dänischen Bevölkerung. Dadurch wurde verhindert, daß das durch Maßnahmen wie die Alsang- und Algang-Bewegung wiederaufgelebte Nationalbewußtsein untergraben werden konnte. Gerade die Stärkung des Nationalbewußtseins ist aber wesentlich, um das Gefühl der Solidarität 33) mit den übrigen Okkupierten in der Abwehr des Okkupanten zu steigern. Dabei ist eine Vielzahl von Mitteln anzuwenden, wie es zum Teil auch in Dänemark geschah. Das Tragen von Anstecknadeln mit dem königlichen Symbol oder von Mützen mit den Nationalfarben sind praktizierte Beispiele. Diese subtile Form des Widerstands hat zudem den Vorteil, daß sie nur schwer bekämpft werden kann. Im Moment des Verbots eines solchen Mittels kann leicht ein neues, zum Beispiel Aufkleber, geschaffen werden. Derartigen Mitteln kann jedoch lediglich eine gewisse provokative Funktion zugemessen werden, deren Wert im Zusammenhang mit Verteidigung wohl kaum besonders hoch veranschlagt werden kann.

3. Konnte die dänische Demokratie erfolgreich verteidigt werden?
Kriterium für den Erfolg in der Verteidigung der dänischen Demokratie ist, ob es gelang, mit den in Dänemark angewendeten Mitteln des Widerstandes die Ziele des Okkupanten zu durchkreuzen.

Tatsächlich konnte durch begrenztes Nachgeben gegenüber den Forderungen des Okkupanten die dänische Regierung aufrechterhalten und ein Einfluß des Okkupanten in den Organen und Institutionen verhindert werden. Weder Reichskommissariat noch DNSAP-Marionettenregierung kamen zum Zuge. Die Folge davon war, daß ein Unterlaufen und Aufrollen der staatlichen Organe dem Okkupanten nicht möglich war, wie er es sich zum Ziel gesetzt hatte. 34)

Durch die Schutzschildwirkung dieser Politik, welche harte Reaktionen des Okkupanten in politischer, rechtlicher und polizeilicher Richtung vom Volk abhielt, wurde dem Widerstand die dringend benötigte Zeit zur Organisation im Untergrund und zum Aufbau mit alliierter Hilfe gegeben.

Selbst in den letzten eineinhalb Jahren, in denen das Land offiziell nur noch verwaltet wurde, gelangen dem Okkupanten lediglich Einbrüche in der Rechtsprechung und auf dem Gebiet der Polizei, wo Mitglieder des Schalburg-Corps, also Kollaboranten aus Überzeugung, mit Polizeiaufgaben betraut wurden. Während dieser Zeit hatte der Freiheitsrat, als illegales Führungsorgan konstituiert, die Organisation des Kampfes gegen den Okkupanten übernommen, dem es zunehmend lediglich um den ungehinderten Export von Lebensmitteln und Kriegsgütern nach Deutschland ging. Daß dabei zunächst die Kollaborationspolitik der Regierung selbst zerstört wurde, war beabsichtigter Effekt der Politik des Freiheitsrates, um den hemmenden Einfluß der Regierung auf das Volk zu beseitigen und das eigene Lager zu vergrößern.

Des weiteren scheiterte das Vorhaben des Okkupanten, durch weltanschaulich-politische Umerziehung der Bevölkerung 35) seine schmale Basis in Dänemark zu verbreiten, an der passivresistenten Art der Dänen, die eine betont nationale Haltung einnahmen und jeglichen Einflüssen der Kultur des Okkupanten eine Absage erteilten. Dazu trug auch die Tatsache bei, daß der im Kern demokratisch orientierte Däne nach der vollzogenen Okkupation erst recht keinen Anschluß an das nationalsozialistische Gedankengut suchte.

Letztlich ist doch die gescheiterte Judenverfolgung 36) in Dänemark ein weiterer Beweis, wie geschlossen die Dänen gegen den Okkupanten zusammenstanden, und wie schwer es diesem fiel, angesichts der geringen Zahl seiner überzeugten Anhänger seine Ziele in Dänemark zu verwirklichen, zumal die Besatzungsmacht in bezug auf die Judenverfolgung in den eigenen Reihen uneinig war.

Diese Kernziele des Okkupanten konnten somit durchkreuzt werden, und dessen Einfluß in den Institutionen und Organen konnte gering gehalten werden. Das Ziel, Dänemark in den "Großraum Europa" zu integrieren, hatte in den Plänen des Okkupanten noch keine echte Konkretisierung erhalten, zumal die Entscheidung Hitlers 37) noch ausstand. Daß die Verhandlungen über eine Zoll- und Münzunion, welche einen ersten Schritt in diese Richtung darstellten, scheiterten, kann man daher auch nicht als einen Erfolg der dänischen Politik oder des dänischen Widerstandes bezeichnen, zumal die dänische Regierung selbst den Auftakt zu den Verhandlungen gegeben hatte. Die Verwirklichung dieses Ziels war abhängig vom "Endsieg" des Okkupanten geworden.

Die zunächst duldende Haltung der Bevölkerung der Politik der Regierung gegenüber wandelte sich mit Hilfe der Kirche, den Volkshochschulen, den Universitäten und anderen Institutionen zum geistigen Widerstand, der zunehmend nicht nur gegen den Okkupanten, sondern auch gegen die Kollaborationspolitik gerichtet war. Symbole für diese Bewegung waren der König, Anstecknadeln und auch die dänischen Farben. Mittel, um den Widerstand zum Ausdruck zu bringen, waren persönliche Distanz, Demonstrationen und Arbeitsverweigerungen bis zum Volksstreik.

Im Zentrum des zunächst geistigen, sodann sich aber auch des Mittels der Gewalt in Form der Sabotage bedienenden Widerstandes stand die illegale Presse.- Unterstützung gewährten die Alliierten vor allem in Form von Waffen und Sabotagegerät, aber auch durch geschultes Personal und speziell ausgebildete Agenten, welche die Propaganda zum Teil im Sinne der Alliierten beeinflußten. Es gelang den

Dänen jedoch, mit dem Freiheitsrat eine Untergrundregierung aufzubauen, die zwar über England und Schweden in Kontakt mit den Alliierten, aber dennoch autonom entschied. Diesem Freiheitsrat war es möglich, trotz unterschiedlicher Auffassungen der verschiedenen Gruppierungen im Widerstand die Einheit im Kampf gegen den Okkupanten zu bewahren. Wenn es dem Widerstand auch nicht gelungen ist, die Lieferungen an Kriegsmaterial und Lebensmitteln an den Okkupanten nachhaltig zu unterbrechen und somit der Okkupant ein wesentliches Ziel erreicht und behauptet hat, und es darüber hinaus durch den Widerstand nicht gelungen ist, die Besatzungsmacht aus dem Land zu vertreiben, was angesichts der eingesetzten Mittel auch völlig unmöglich war, so ist es doch zumindest durch die Politik des offiziellen Dänemark gelungen, für den Dänen einen einigermaßen erträglichen Lebensstandard zu erhalten und bis auf wenige Ausnahmen in den letzten eineinhalb Jahren der Okkupation sämtliche Behörden und Institutionen unter Kontrolle zu behalten.

Darüber hinaus ist es dem Widerstand gelungen, dem Okkupanten das Leben in Dänemark schwerzumachen, ihn hin und wieder zu verunsichern und seinen Einfluß sowie den seiner Handlanger zeitweise zu behindern. Man muß also von einem Zusammenwirken von offizieller Politik und dem Widerstand ausgehen, wenn man den Erfolg des dänischen Widerstandes im Kampf mit dem Okkupanten bewerten will, zumal die offizielle Regierung in ihrem Bemühen, durch Zugeständnisse den Okkupanten an der direkten Einflußnahme zu hindern, vom organisierten Widerstand abgelöst wurde, der den Okkupanten durch Mobilisierung des Volkes daran hinderte, sich noch weiter vorzuwagen. Jeder weitere Schritt bedeutete ja die Gefährdung seiner ureigensten

Interessen, nämlich der Versorgung mit Kriegsgütern und Lebensmitteln, wegen der konsequenten Reaktionen des Widerstandes. Es war daher eine Art Kosten-Nutzen-Kalkulation, die den Okkupanten veranlaßte, in seiner Politik nicht bis zum äußersten zu gehen und ein Reichskommissariat zu errichten. Das gleiche gilt für Einzelbereiche wie zum Beispiel den Kopenhagener Volksstreik.

Zu berücksichtigen bleibt jedoch auch die Tatsache, daß Ribbentrop seine Politik nur in Dänemark weitgehend durchsetzen konnte, die im Gegensatz zu der von Himmler betriebenen stand. Die sehr schwache Stellung des Außenministeriums in der Hierarchie des Dritten Reiches machte Dänemark zum Ausnahmefall.

4. Kann Dänemark für das Konzept der Sozialen Verteidigung Beispielcharakter zugestanden werden?
Unter der Prämisse, daß den Dänen die Strategie der Sozialen Verteidigung weder bekannt sein konnte, noch etwa einzelne Verhaltensmuster in Manövern erprobt worden waren 38), bot sich in Dänemark eine gute Anwendungsmöglichkeit für derartige Mittel. Es lag zunächst einmal als Grundvoraussetzung eine in der Bevölkerung fest verankerte Demokratie vor.

Des weiteren war der Okkupant an den verschiedensten Fronten so engagiert, daß seine Truppen, die er im Lande einsetzen konnte, nicht mehr zahlreich waren. Diese Tatsache kam einer weiteren Gegebenheit zugute. Die Mittel der Sozialen Verteidigung dienen nämlich dazu, nach dem Kosten-Nutzen-Prinzip die Kosten des Aufenthaltes des Okkupanten so hoch zu gestalten, daß diese den Nutzen bei weitem übersteigen und der Okkupant sich letztendlich im Idealfall nach Aufgabe seiner Ziele zurückzieht. Probleme stellen im Falle Dänemarks die hohe Bevölkerungszahl und die militärische Übermacht des Gegners dar. 39)

Während Ebert durchaus realistisch unüberwindliche Schwierigkeiten für das Konzept der Sozialen Verteidigung sieht 40), wenn die Bevölkerungszahl des Okkupanten die des zu verteidigenden Landes um ein Mehrfaches übersteigt, hatte dies angesichts der sich für den Okkupanten ständig verschärfenden Kriegslage und der daraus folgenden anderweitigen Bindung seiner Kräfte, wie im vorliegenden Fall, noch nicht einmal so entscheidende Auswirkungen.

Einige Mittel, die auch Bestandteil des Konzeptes der Sozialen Verteidigung sind, konnten daher in Dänemark zur Anwendung gelangen. Die Politik der legalen Regierung erfüllte hierbei in etwa die Funktion, die eine dynamische Weiterarbeit ohne Kollaboration im Sinne der Strategie der Sozialen Verteidigung erfüllen soll, und sicherte den Dänen die Herrschaft über die Organe und Institutionen im Sinne der Sozialen Verteidigung. 41)

Geistiger Widerstand, angeleitet durch Institutionen wie Kirche, Volkshochschule, Universität und die Stärkung des Nationalbewußtseins förderten die Verteidigungsbereitschaft im Volke und verhinderten den Erfolg kultureller Annäherungsversuche des Okkupanten. Während sich das Mittel der persönlichen Distanz gegenüber den Soldaten des Okkupanten nicht bewährt hat, da gerade der persönliche Kontakt die Hemmschwelle der Soldaten bezüglich der Ausführung von Terrorbefehlen wohl höhersetzt, waren

Demonstrationen und Volksstreiks durchaus wirksam zur Durchsetzung eigener Belange. Unter dem Aspekt der alliierten Unterstützung, welche dem Widerstand zuteil wurde, sind die Sabotageaktionen, welche neben einer Fremdschädigung, die den Export an Kriegsprodukten und das Transportwesen betrifft, auch eine gewisse Selbstschädigung (volkswirtschaftlicher Schaden) beinhalten, als Kriegsbeitrag zu betrachten, mit dem sich Dänemark unter die Alliierten einreihen wollte. 42)

Mit Hilfe dieser Methoden und den weiteren im Rahmen der Untersuchung analysierten Mittel ist es Dänemark zwar gelungen, einen Teil der die dänische Demokratie gefährdenden Maßnahmen zu durchkreuzen und zu vermeiden, daß Dänemark zu einem angesichts der großen Übermacht des Okkupanten sinnlosen Schlachtfeld geworden ist. Sicherlich hätten sich bei der konsequenten Anwendung der Strategie der Sozialen Verteidigung die Kosten der Besetzung für den Okkupanten erhöhen lassen. Die Verluste in der dänischen Zivilbevölkerung wären als Folge sprunghaft gestiegen. Darüber hinaus fehlte eine Einübung der verschiedenen Methoden. Unter den gegebenen Voraussetzungen und bei der geringen Anzahl überzeugter Kollaborateure wäre es dem Okkupanten wohl auch schwer gefallen, eine genügende Anzahl Fachpersonal und Beamte bereitzustellen 43), um die Aufgaben der Dänen zu überwachen. Massenerschießungen in Frankreich und der Tschechoslowakei sowie an anderen Orten zeigen jedoch die Brutalität auf, zu welcher totalitäre Systeme greifen, wenn gegen ihre Vorstellungen gehandelt wird.

Beispielcharakter für erfolgreiche Anwendung des Konzeptes der Sozialen Verteidigung kann Dänemark daher nicht zugebilligt werden.

## 5. Erkenntnisse bezüglich der Brauchbarkeit des Konzeptes

Kern der Sozialen Verteidigung bleibt der Erhalt des von den Volksangehörigen für wünschenswert gehaltenen Systems und Lebensstandards. Basis, um den Gegner zurückzuweisen, ist das Kosten-Nutzen-Prinzip, welches besagt, daß, wenn der Aufwand an Menschen und Material für den Gegner größer wird als der Nutzen, welchen er aus seinem Feldzug zieht, ein Angriff gar nicht stattfinden 44) oder sein Rückzug erfolgen wird.

Diese Auffassung mag in der Zeit der Kabinettskriege Gültigkeit gehabt haben, und auch Bismarck hing ihr als kühler Rechner auf diplomatischer Ebene noch an. In seinen Memoiren schreibt er: "Ich habe während meiner Amtsführung zu drei Kriegen geraten, dem dänischen, dem böhmischen und dem französischen, aber mir auch jedesmal vorher klargemacht, ob der Krieg, wenn er siegreich wäre, einen Kampfpreis bringen würde, werth der Opfer, die jeder Krieg fordert und die heut so viel schwerer sind als in dem vorigen Jahrhundert." 45)

Mit der Ideologisierung der Kriegführung spätestens seit Adolf Hitler und Josef Stalin haben diese auf einem monarchistischen Weltbild beruhenden Äußerungen ihre Aktualität verloren. Wenn es nicht mehr um den rechnerischen Nutzen geht, sondern um die Ausbreitung einer Ideologie oder einer Religion, wie es zum Beispiel in Afghanistan oder im iranisch-irakischen Konflikt der Fall ist, fällt die Rücksicht auf das Lebens- und Selbstbestimmungsrecht ganzer Völker weg, wie uns die neueste Geschichte zeigt.

In einem historischen Moment, wo das Leben des Menschen einen derart niedrigen Stellenwert erhält, rückt für die meisten Opfer, realistischerweise wohl für fast alle eventuell Betroffenen, sowohl das System als erst recht der Lebensstandard an eine zweitrangige Position. Nicht jeder ist zum Märtyrer geboren. Auch dies ist eine Erfahrung, welche die Geschichte lehrt. Angesichts der Bedrängnis, in der sich das Dritte Reich nach der Besetzung Dänemarks befand, und der relativen Bedeutungslosigkeit des Landes im Gesamtkonzept Hitlers erscheint das Vorgehen im Falle Dänemark verständlich. Der letzte Punkt, das es sich um eine der wenigen in der Zuständigkeit des Auswärtigen Amtes befindlichen Gebiete handelte, stellte einen weiteren Glücksfall für das Land dar.

Nur die Kombination der Umstände, (1) Bedrängnis und tödliche Bedrohung des Gegners nach Stalingrad und El Alamein, (2) Schutz durch das von Hitler mehr und mehr vernachlässigte Auswärtige Amt, (3) strategische Bedeutungslosigkeit und (4) die Bereitschaft der dänischen Regierung, den Bedürfnissen der Besatzungsmacht nahezu voll zu entsprechen, bewahrten Dänemark vor einem Schicksal, welches andere besetzte Gebiete erlitten, und sicherten den Dänen ihren hohen Lebensstandard während des Krieges.

Zusammenfassend bleibt festzuhalten, daß ein Beweis für die Brauchbarkeit des Konzeptes der Sozialen Verteidigung aus dem dänischen Fallbeispiel nicht gefolgert werden kann. Insbesondere erscheint eine Abschreckungswirkung, wie sie in der derzeitigen Verteidigungskonzeption der NATO als Kernpunkt enthalten ist und uns den Frieden in den letzten 40 Jahren erhalten hat, aus dem Beispiel Dänemark und der

Konzeption der Sozialen Verteidigung nicht begründbar. Andererseits birgt die erfolgreiche Haltung in der dänischen Bevölkerung Ansatzpunkte vielfältiger Art. Zum Einen ergeben sich Erkenntnisse zur erfolgreichen Selbstbehauptung als Überlebensstrategie. Zum Anderen werden auch deutliche Grenzen sichtbar, welche einschränkend auf die Handlungsmöglichkeiten wirken, sowie ein Indiz für die Übermacht des Gegners sind.

Schlußwort
Horst Afheld 46) und Carl Friedrich von Weizsäcker 47) propagieren seit Mitte der achtziger Jahre ein Konzept der defensiven Verteidigung. Dies beinhaltet den Abzug aller Truppen und Atomwaffen vom Bundesgebiet. In Verbindung mit Forderungen der Grünen nach Einführung der Sozialen Verteidigung für die Zivilbevölkerung ergäbe dies ein Konzept. Den Vorstellungen von Weizsäckers kommen wir seit den KSZE-Verhandlungen in Wien 1990 immer näher. Den Protagonisten der Sozialen Verteidigung aber sei gesagt: Wenn ein zweites Verteidigungssystem jeglicher Art besteht, das im Ernstfall eine Art Alternative darstellt, obwohl es nicht erprobt ist, besteht die Gefahr daß eine Wahl getroffen wird und sich "Soziale Verteidigung" als untauglich herausstellt. Dann aber ist es zu spät und das Land stünde unter neuer Fremdherrschaft.

# 11. Kapitel

## *GEDANKEN ZUM BEGRIFF "KOLLABORATION"*

# GEDANKEN ZUM BEGRIFF "KOLLABORATION"

Immer wieder, wenn Putsche, wie der in der Sowjetunion vom 2o.8.1991, Besatzungszeiten, wie im Irak-Kuwait-Konflikt 90/91 oder noch in die Zeiten des zweiten Weltkrieges zurückgehend in den Bereichen der deutschen Besatzungsherrschaft, enden, kommt zwangsläufig die Frage nach der Kollaboration auf.

Der Begriff "Kollaboration" kam erstmals in Frankreich auf, als nach dem Ende des Weltkrieges mehr als eine halbe Million Menschen verhaftet, zum Teil erschlagen oder aber zum Tode verurteilt wurden, weil sie als Kollaboranten galten. Petain, der Chef des Regimes in Vichy war genauso Symbol für Kollaboration, wie Quisling in Norwegen 1), der nach der Flucht des Königs als Ministerpräsident agierte.-

Für den Maßstab, inwieweit Handlungen als Kollaboration zu bewerten und Personen zu Kollaborateuren werden, ist es wichtig zu erforschen, ob die Taten von der Besatzungsmacht erzwungen waren, freiwillig waren oder zum überleben notwendig waren (z. B. Sicherung der Ernährung in besetzten Gebieten), denn es wäre sicherlich nicht angemessen, lediglich zu erforschen, ob eine den illegalen Okkupanten (Putschisten) begünstigende Handlung vorliegt. Nur in der differenzierenden Betrachtung kann eine Lösung der äußerst schwierigen Problematik gesucht werden. Besonders schwer ist diese Differenzierung, wenn es sich nicht nur um einzelne Fälle, sondern um komplette Regierungen handelt, denen der Stempel Kollaborationsregierung aufgedrückt werden soll. Hier wird wohl die Summe der Handlungen zu analysieren sein, wobei die Beweislage vorliegend kein Thema sein soll.

Die Verschiedenartigkeit der Kollaboration liegt auf der Hand. Die Menschen müssen arbeiten um leben zu können, und es ist selten zu vermeiden, daß der Okkupant einen Teil der Arbeit für sich beschlagnahmt. Auch die Aufrechterhaltung der gesellschaftlichen Ordnung setzt ein vielleicht sogar sehr großes Maß administrativer Kollaboration voraus. Die Tragik einer besetzten Nation liegt in der Kollaboration wider Willen. Wo aber ist die Grenze dieser Kollaboration wider Willen, die das Gewissen vorschreibt? Diese Grenze von der Kollaboration aus freien Stücken zu derjenigen wider Willen ist wohl sehr wesentlich, 2) im Einzelfall aber oft schwer bestimmbar. Herdeg 3) hat schon den weiten Spielraum erkannt, der bei einer Besatzung mit sehr starker Besatzungsgewalt zwischen der im echten Sinne realistischen Zusammenarbeit (Kollaboration) und der schlichten Erpressung unter brutaler Ausnutzung der bestehenden Machtverhältnisse besteht.-

Svitak 4) zieht aus den Ereignissen in der CSSR 1968 den Schluß daß entweder Kollaboration oder Widerstand alternativ vorliegt; eine dazwischen liegende Variante zieht er nicht in Erwägung. Eine selche Vereinfachung hilft aber nicht weiter, da eine Art Anpassungspolitik aus Not und Ohnmacht geboren unter Umständen weder als Kollaboration, noch als Widerstand gedeutet werden könnte. Poch 5) sieht den dritten Weg der "Anpassungspolitik" im Falle Dänemark im zweiten Weltkrieg. In einer solchen Situation würde Herdeg von "verantwortungsbewußter Kollaboration" sprechen, da es sich um echte Zusammenarbeit handelte. Die Grenze, die das "Gewissen" vorschreibt, die man auch mit "Kern des nationalen Interesses" umschreiben könnte ist damit aber noch immer nicht gefunden. Vielmehr zeigt die Erörterung, daß

"Kollaboration" in weitem und in engem Sinne gebraucht werden kann und im weiten Sinne gebraucht nur der Widerstand dem "Odium" des Begriffes entkommt. Das aber würde zu weit führen und wahrhaft französische Verhältnisse hervorrufen, wo nach dem Weltkrieg eine halbe Million Menschen der Verfolgung ausgesetzt war.-

Der Begriff Kollaboration entzieht sich also einer pauschalen Gradualisierung und zwingt mehr oder weniger dazu in jedem Einzelfall das nationale Interesse zu definieren und das Gewissen des Handelnden zu erforschen. Erst dann kann geklärt werden, ob ein Fall von Kollaboration vorliegt. Lediglich besonders eindeutige Fälle legen die Verwendung des Begriffes insbesondere im politischen Bereich nahe.

# 12. Kapitel

***DEUTSCHLAND IM WANDEL-
BONN WURDE NICHT WEIMAR.
WAS ABER WIRD BERLIN?***

# DEUTSCHLAND IM WANDEL- BONN WURDE NICHT WEIMAR. WAS ABER WIRD BERLIN?

Vorwort

Immer dann, wenn fundamentale Ereignisse der Politik eine grundlegend neue Ausrichtung geben, ist es an der Zeit, nicht nur voraus sondern auch zurück zu blicken, um die eigene Position zu fixieren. Daher ist es an der Zeit einmal die Rolle zu skizzieren, die die Bundesrepublik Deutschland in der internationalen Politik gespielt hat und noch spielt.

Absichtlich beschränkt der Verfasser sich darauf, die Grundzüge aufzuzeigen und versucht zum Abschluß eines jeden Jahrzehntes den Standpunkt neu zu bestimmen. Dies gestattet dem Leser die Stufen deutlicher zu erkennen, die im Laufe der Jahrzehnte der "Nachkriegszeit" von der Bundesrepublik erklommen wurden. Daß im Jahre 1990 bewußt darauf verzichtet wurde, einen Friedensvertrag auszuhandeln, zeigt, daß ein solcher als Anachronismus aufgefaßt wurde. Die reale Politik ging darüber hinweg in vierundhalb Jahrzehnten Kontinuität.

Begeben wir uns also auf den steinigen Weg deutscher Außenpolitik, der gepflastert mit den schweren Bürden des Zweiten Weltkrieges, mit Vorbehalten und Mißgunst dennoch stetig nach oben führte, bis internationale Anerkennung deutscher Verläßlichkeit und Berechenbarkeit die Vereinigung möglich machten.

## 1. Ziele der Außenpolitik der Bundesrepublik Deutschland

Nach ihrer Gründung 1949 hat die Bundesrepublik ihre Außenpolitik auf drei Ziele gerichtet: Wiedergewinnung des

Vertrauens der Welt, Sicherung der Freiheit und die Wiederherstellung der Deutschen Einheit. In den ersten Jahren wird zwischen Regierung und Opposition darum gerungen, welche Politik diesen Zielen am ehesten gerecht werden kann.

Konrad Adenauer sah in den verschiedenen Bestimmungen, Verträgen und Statuten der ersten Nachkriegsjahre (z.B. Ruhrstatut) Übergangsregelungen, welche lediglich bestimmte Abschnitte auf dem Wege zur Wiedererlangung der Gleichberechtigung darstellten. Er hielt es für Amerika lebensnotwendig, daß ein starkes Westeuropa entstand, wozu Deutschlands Beteiligung unerläßlich wäre. Diese Beteiligung war aber nur auf Vertrauensbasis möglich, die zu schaffen eine vollkommene Lösung der Fesseln, welche die deutsche Gleichberechtigung unmöglich machten, zur Voraussetzung gehabt hätten. 1)

Sein Gegenspieler von der SPD, Kurt Schumacher, warf der rechten Seite Erfüllungspolitik 2) vor und behauptete, daß die eindeutige Option für den Westen allein schon die Alliierten nötige, Bonn die Gleichberechtigung zuzugestehen, ohne daß weitere westdeutsche Konzessionen erforderlich seien. Man müßte im Gegenteil die deutschen Bedingungen so hoch wie möglich schrauben.

Ein solcher Gegenspieler im Inneren war genau das, was Konrad Adenauer für seine Verhandlungen mit den Alliierten brauchte, zumal feststand, daß eine auf demokratischer Basis stehende, antikommunistisch eingestellte SPD von der Notwendigkeit westlicher Solidarität ausging. Adenauer konnte sich als der wesentlich angenehmere deutsche Partner bei den Verhandlungen darstellen.

## 2. Hintergrund des Strebens der deutschen Regierung nach Gleichberechtigung

### a. Erste Phase des kalten Krieges

Hintergrund des Strebens der deutschen Regierung nach Gleichberechtigung im Bereich der Weltpolitik ist der kalte Krieg. Der erste Abschnitt beginnt mit der amerikanisch-sowjetischen Begegnung in Torgau im April 1945 und verwandelt kriegsbedingte Kooperation gegen einen gemeinsamen Gegner in ein Verhältnis gegenseitigen Mißtrauens, beiderseitiger Feindseligkeiten und unverhüllter Rivalität. 3) Die Sowjets, die auch im Zeitpunkt ihrer höchsten Abhängigkeit von der Unterstützung der Vereinigten Staaten niemals ihre Abneigung und ihr Mißtrauen gegen ihre kapitalistischen Alliierten aufgegeben hatten, fühlten sich schon am Ende des Krieges stark und unabhängig genug, um ein weit nach Mitteleuropa hineinragendes Satellitensystem zu errichten. Die Jahre 1945 - 1948 sind daher von Expansion geprägt, die Polen, Jugoslawien, Ungarn, Bulgarien, Rumänien, Tschechoslowakei, Albanien und Mitteldeutschland umfaßt. Diese Ausweitung des Machtbereichs findet ihr Ende 1949 mit der Niederlage der aufständischen Kommunisten Griechenlands und dem Abbruch der Berlinblockade. Dies alles geschah angesichts des Atomwaffenmonopols der Vereinigten Staaten von Amerika. Konkrete Antworten auf die östliche Expansion waren die "Containment policy" der Amerikaner, die konkretisiert in der "Truman-Doktrin" dem Schutz von Griechenland und der Türkei Priorität einräumte. Im ökonomischen Bereich wurde durch den Marschallplan die westeuropäische Wirtschaft saniert. Im April 1949 wurde in Washington der Vertrag über das nordatlantische Verteidigungsbündnis unterzeichnet. Die

Folge dieser Maßnahmen war, daß es seither in Europa keine territoriale kommunistische Expansion mehr gegeben hat.

b. Zweite Phase des kalten Krieges

Der zweite Abschnitt des kalten Krieges beginnt mit der Verlagerung der kommunistischen Expansion nach Asien, nachdem die Fronten in Europa beiderseits des Eisernen Vorhangs erstarren. Die Guerillakriege in Burma, Malaysia, Indonesien und auch auf den Philippinen sind die Folge. Tschiangkaischek muß sich vor dem Ansturm der Truppen Maos auf Formosa zurückziehen. Der Koreakrieg tobt von 1950 - 1953 und die Genfer Ostasien Konferenz teilt 1954 Vietnam in zwei Teile längs des siebzehnten Breitengrades.

Auch diese Ereignisse vollzogen sich vor dem Hintergrund des ungebrochenen Atommonopols der Vereinigten Staaten, da die Sowjets, obwohl sie sowohl ihre erste Atombombe als auch ihre erste Wasserstoffbombe gezündet hatten noch keine aktionsfähige Atommacht waren. Durchaus parallel zu diesen Ereignissen lief eine Periode der Erstarrung in Europa. In beiden Teilen Deutschlands werden Regierungen gebildet und Verfassungen proklamiert. Die Berliner Außenministerkonferenz 1954 bringt die Deutschlandfrage nicht weiter, legt allerdings den Grundstein zur Genfer Ostasien Konferenz. Die Nachfolgekrise nach Stalin lähmt die Entschlußkraft des Kreml. Diese Situation ändert sich 1956 mit der blutigen Unterdrückung des ungarischen Aufstandes und anläßlich der Suezkrise grundlegend.

c. Dritte Phase des kalten Krieges

Ein weiterer dritter Abschnitt des kalten Krieges hatte begonnen. Die Konsolidierung seiner Position in der Partei und die Erfolge der sowjetischen Technologie ausgedrückt durch den Abschuß des ersten Sputnik 1957 versetzen Chrustschow in die Lage, eine neue Offensivpolitik zu betreiben. Mit dem Berlinultimatum von 1958 wurde sie ausgelöst und setzte sich kontinuierlich über die Kongokrise, die kommunistische Infiltration des Irak, den Bau der Mauer und die Kubakrise fort. Moskau machte in den Jahren des dritten Abschnitts immer häufiger die den Amerikanern bereits vertraute Erfahrung, daß der Handlungsspielraum einer nuklearen Weltmacht, die sich ihrer Verantwortung bewußt geworden ist, außerordentlich eng und sogar häufig enger als der sonst einer Macht mittlerer Größenordnung ist 4).

Bereits 1956 hatte Chrustschow die These von der kapitalistischen Einkreisung revidiert und seine Mahnung nicht mit dem Feuer zu spielen war Ausdruck der Furcht vor dem eskalationsgefährlichen Zusammenstoß der beiden Großmächte. Die daraus entstandene friedliche Koexistenz, so wie Chrustschow sie verstand, klammerte zwar den Atomkrieg aus, enthielt aber nach wie vor idiologische, politische, propagandistische, revolutionäre Expansion, notfalls mit Hilfe des Guerillakrieges.
Mit seiner Berlin- und Kubapolitik brachte Chrustschow die Welt in dieser Zeit zweimal nahe an den Rand des Krieges. Chrustschows gescheitertem Versuch, die militärische Balance zwischen Ostblock und Westalliierten mit einem Überraschungscoup zu verändern, folgte eine Periode der Beruhigung und des Spannungsabbaues. Diesem Zweck diente der Moskauer Teststoppvertrag von 1963 und der Vertrag gegen die Verbreitung von Atomwaffen. Deutlichstes Zeichen der Entspannung war das Einschlafen der Berlinkrise nach Kuba.

3. Deutschland als Zankapfel der Großmächte
Der kalte Krieg machte Deutschland zum begehrten Zankapfel der Machtblöcke. So spiegelt sich in der sowjetischen Deutschlandpolitik seit 1945 jede der drei Phasen des kalten Krieges wieder. Nachdem Stalin nach ergebnislosem Versuch sich Mitspracherechte an der Ruhr zu sichern, erkannt hatte, daß er keine Chance hatte, die Westdeutschen auf seine Seite zu bringen und nachdem umfangreiche wirtschaftliche Hilfsmaßnahmen Westdeutschland finanziell sanierten, begann er 1949 mit der systematischen und zielbewußten Errichtung eines rein kommunistischen Regierungssystems in Mitteldeutschland. Die DDR wurde gegründet, aufgebaut und die Lenkung von Moskau aus sichergestellt. Die Deutschlandpolitik der Sowjets blieb jedoch noch doppelspurig. Das Postulat der Wiedervereinigung blieb unangetastet, der Viermächtestatus Berlins unberührt.

Selbst das Bekenntnis zu freien Wahlen kommt noch vor, allerdings bedeutete das für die Sowjets bei ihrer Auslegung des Begriffs kein Risiko. Die These wird vertreten 5), daß die Sowjetunion in dieser Phase noch für Verhandlungen zu haben gewesen wäre. Sie geht vom russischen Sicherheitsbedürfnis aus, welches die Wurzel der Note vom 1o. März 1952 gewesen wäre und von der Behauptung, daß die Sowjets von echter Furcht ergriffen waren, vor einem deutschamerikanischen Angriff. Es wird vertreten, daß unter der Bedingung der bewaffneten Neutralität Deutschlands freie Wahlen durch entsprechende Bürgschaften sich hätten sicherstellen lassen. Andere sind wiederum der Meinung 6) daß diese Doppelspurigkeit und die damit verknüpfte Aufrechterhaltung der Gesamtdeutschen- und Viermächtefassade nur den Zweck verfolgte, im deutschen Volk die

Illusion einer deutschen Wiedervereinigung durch Viermächteverhandlungen zu nähren und damit Westdeutschlands politische, militärische und wirtschaftliche Integration in den Westen zu verhüten. Die Aufgabe dieser Doppelspurigkeit und die Rückkehr zu einer Dismembrationspolitik ist in der dritten Phase des kalten Krieges erfolgt, welche sich mit der dritten Phase der sowjetischen Deutschlandpolitik deckt.

Auftakt bildete die Widerrufung der Genfer Direktive 1955. Weitere Stationen waren die Proklamation der Zwei-Staaten-Theorie, die Aufkündigung des Berliner Viermächtestatus, die Forderung nach einer freien demilitarisierten Stadt Westberlin bis zum Vorschlag eines Friedensvertrages mit beiden deutschen Staaten. Vertreter der zweiten Theorie folgern schlüssig, daß die Verhärtung der sowjetischen Deutschlandposition der Ausdruck des Respekts der unter Adenauer erreichten Position der Bundesrepublik ist und als taktisches Mittel der Hoffnung entspricht, diejenigen Kreise im Westen, die von den kommunistischen Demonstrationen stärker beeindruckt sind, als von den Realitäten, zur Demontage der westlichen Deutschlandposition und der Position der Bundesrepublik Deutschland zu bewegen. Die Vertreter der ersten Theorie sehen in der Verhärtung den Ausdruck des Scheiterns einer Gefühlspolitik des im ruhigen Genuß des Aufstiegs gestörten Bürgertums.

## 4. Westorientierung der Bundesrepublik

Auf dem Hintergrund des kalten Krieges ist das seit der ersten Stunde der Bundesrepublik existierende Bestreben nach Gleichberechtigung und Sicherheit zu sehen. Beides konnte nur vom Westen gegeben bzw. garantiert werden. Andererseits mußte der Westen angesichts der Kräfteverhältnisse in Europa unbedingt daran interessiert sein, die Bundesrepublik an sich zu binden. Diese Voraussetzung nutzte Adenauer am 9. + 1o. November 1949 auf der Konferenz von Paris aus, um im Rahmen der Emanzipation und Integration der Bundesrepublik die Einstellung der Demontagen mit der Bereitschaft zur Mitarbeit in jedem Organ zu verbinden, das dazu diene, ein etwaiges Kriegspotential Deutschlands zu kontrollieren. Durch diesen Schachzug brachte er außer den ohnehin erfüllungswilligen Amerikanern auch die Engländer auf seine Seite. Den Franzosen machte er das Angebot der Verflechtung der deutschen und französischen Industrie, insbesondere der Stahlindustrie und beseitigte auf diese Weise deren Besorgnisse im Bezug auf Sicherheit. Die entscheidende alliierte Konzession für den Bundesdeutschen Beitritt zur Ruhrbehörde und zum alliierten Sicherheitsamt bestand in der praktischen Beendigung der Demontagen. 7)

Ein weiteres Problem, das die Integration der Bundesrepublik in den Europarat, der seit 1948 bestand, verhinderte, war der fortschreitende wirtschaftliche Anschluß des Saargebietes an Frankreich. Obwohl sowohl London als auch Paris, wenn auch nur widerwillig, den provisorischen Charakter des Status quo an der Saar betonten, sollte das Saargebiet eine eigene Mitgliedschaft in Straßburg erhalten, wo es dann neben der Bundesrepublik aufgetreten wäre. 8) Adenauer sicherte sich unter Hinweis auf seinen Vorschlag einer deutsch-französischen Union und auf den einzelstaatlichen Egoismus Frankreichs die Unterstützung der USA, die Druck auf Frankreich ausübte, um die bundesdeutsche Integration nicht gefährdet zu sehen. Am 9. Mai 1950 machte daraufhin Schuman den Vorschlag einer westeuropäischen Montanunion. Durch diesen Vorschlag, auf den Adenauer sofort einging, war ein direkter Einfluß Frankreichs in Saarbrücken relativiert worden. Diese erzwungene Revision der französischen Deutschlandpolitik, die verbunden war mit erhöhtem Einsatz seitens Frankreichs für die europäische Bewegung, war für die Bundesrepublik ein großer Schritt in Richtung Gleichberechtigung.

Ein Motiv, das den Politikern de Gaulle und Adenauer gemeinsam war, war das Motiv, daß Europa dritte Macht zwischen den Großmächten werden müsse. Die reale Rolle der Bundesrepublik konnte aber angesichts der Kräfteverhältnisse im Weltmaßstab nur als eingeordneter Bestandteil Westeuropas und im übergeordneten Maßstab als Vorhut Amerikas gesehen werden. Das der Schritt nach Westeuropa zugleich ein Schritt zur atlantischen Gemeinschaft war, zeigte sich deutlich angesichts der Invasion Südkoreas, im Bezug auf die eigene militärische Schwäche im Jahre 1950. Im März 1951 wurde die Bundesrepublik voll berechtigtes Mitglied des Europarats und am 9. Juli 1951 erklärten die Alliierten den Kriegszustand mit Deutschland für beendet. Die Zuspitzung des Ost-West-Konfliktes hatte die Schaffung der Bundesrepublik erzwungen.

In die Debatte über eine europäische Verteidigungsgemeinschaft mit bundesdeutscher Beteiligung brachte Stalin 1952 das Thema der Wiedervereinigung ein. Adenauer sah darin den Willen der Sowjets, die europäischen Einigungsbemühungen zu durchkreuzen durch eine Neutralisierung Deutschlands. 9 ) Der Graben, der durch Verhandlungen mit den Sowjets über ihr Angebot zum Westen aufgebrochen wäre, zu einem Zeitpunkt, als die Bundesrepublik im Westen vor der vollen Anerkennung stand, lieferte Adenauer die Begründung seiner Haltung. Folge davon war, daß sich der Westen sofort um die Beteiligung der Bundesrepublik an der EVG bemühte, aus Furcht, die Deutschen könnten ihren Kurs revidieren. Im Mai 1952 setzte Adenauer seine Unterschrift unter den Generalvertrag zur Ablösung des Besatzungsstatuts und der EVG.

Solange man in Bonn am Ziel der Wiedervereinigung festhielt, mußte die Bundesrepublik und jede sie einschließende supranationale Konstruktion als Hauptfeind der Sowjetunion gelten. Moskau fühlte sich beunruhigt von dem Gedanken, daß in einem westeuropäischen Bundesstaat eines Tages auch nicht deutsche Staaten der deutschen Politik dienstbar gemacht werden könnten. Die enge Verbindung mit den Vereinigten Staaten erhöhten die von der EVG ausgehende Gefahr noch beträchtlich. Die NATO war für die Sowjets wegen ihrer nur locker koordinierten Außenpolitik schon eher annehmbar. Daher setzte sie Frankreich, welches bei Dien Bien Phu durch Ho Tschi Minh eine vernichtende Niederlage erlitten hatte, mit einer glimpflichen Indochina Regelung unter Druck, der EVG ein Ende zu bereiten. Das geschah auch am 30. August 1954 in der französischen Kammer. Mitgewirkt bei dieser Entscheidung hat sicherlich auch die besonders vom deutschen Wirtschaftswunder geprägte französische Furcht vor einer zukünftigen deutschen Vormachtstellung. Der wohl hoffnungsvollste Anlauf für einen europäischen Bundesstaat war gescheitert.

Schon im Herbst 1954 kam der Ersatz für die EVG, die NATO und die WEU zur Geltung. Die Bundesrepublik machte für die Aufnahme in die NATO unter anderem

Zugeständnisse des Verzichts auf ABC-Waffen, sowie auf Raketen, Kriegsschiffe und Bomber bestimmter Größe. Im Bezug auf die WEU war die Saarfrage zu lösen, wo der deutschfranzösische Kompromiß auf ein Plebiszit lautete. Frankreich konnte nun nichts mehr gegen die Teilnahme der Bundesrepublik an NATO und WEU haben. Ende Februar 1955 ratifizierte der deutsche Bundestag die Pariser Verträge. Die Besatzungsherrschaft war damit zu Ende. Am 7. Mai konstituierte sich die WEU und am 9. Mai nahm die Bundesrepublik zum ersten Mal an einer Sitzung der NATO teil. Die Antwort der Sowjetunion war die Errichtung des Warschauer Paktes im selben Jahr.

Seit dem Sommer 1955 steht die Bonner Außenpolitik in der weltpolitischen Defensive. Nachdem sie fünf Jahre lang eine Position der Stärke durch Einigung des westlichen Lagers betrieben hatte, war sie nun nicht in der Lage gegen Kräfte anzugehen, die das Deutschlandproblem mit Abrüstung und Friedenssicherung verknüpften, die Deutschlandfrage letztlich der Entspannung unterordneten.

Dogmatisiert wurde diese Defensivhaltung durch die Hallstein-Doktrin, die nach Adenauers Moskaureise und der damit verbundenen Anknüpfung von Beziehungen konkretisiert wurde, um die befürchteten Nebenwirkungen im Hinblick auf die völkerrechtliche Stellung der DDR abzublocken. Sie ging vom Alleinvertretungsanspruch der Bundesrepublik aus und verbot diplomatische Beziehungen mit allen Staaten außer der Sowjetunion, sofern sie die DDR anerkannten.10) Die Hallstein-Doktrin war solange ein vernünftiger Grundsatz, als noch reelle Chancen in absehbarer Zeit eine Veränderung des Status quo zu bewirken, bestanden.

Mit dem Eintritt des atomaren Patts Ende der Fünfziger Jahre standen die Kosten der weiteren Aufrechterhaltung in keinem Verhältnis mehr zu dem dadurch erzielbaren Preis. Angesichts von Chrustschows Berlinultimatum änderte Adenauer seine Auffassung und behauptete, daß eine Politik der kontrollierten Abrüstung auch ohne die Lösung der Deutschlandfrage nützlich wäre. Diese Ansicht brachte er letztendlich nicht zur Änderung der betriebenen Politik der Verhärtung der Fronten ein. Man kämpfte stattdessen darum, daß neben dem zweiten Deutschland nicht noch ein drittes Deutschland in Westberlin entstand. Die Ansicht Adenauers hätte zur Neuorientierung der Bonner Deutschlandpolitik wohl Anlaß geben können. Adenauer hat eine solche Wende aber nicht mehr vollzogen.

Das Ende des kalten Krieges dürfte mit der Rede Präsident Kennedys über die Strategie des Friedens in etwa zu fixieren sein. So wie Phasen der Entspannung schon wesentlich früher aufgetreten waren, ragten auch noch Ausläufer des kalten Krieges bis in die Mitte der Sechziger Jahre hinein. Daher ist es schwer, einen genauen Zeitpunkt festzulegen. Ziele der Entspannungspolitik der Nach-Kuba-Ära, die einen gemeinsamen Nenner enthielten, waren: Beendigung des kalten Krieges, Abbau der Polemik und der feindseligen Propaganda, Intensivierung der gegenseitigen Kontakte auf politischen, kulturellen und wirtschaftlichen Gebieten, begrenzte Sicherheitsabkommen, erste Schritte der Rüstungskontrolle.

5. Differenzierung der bundesdeutschen Außenpolitik

Um die bundesdeutsche Außenpolitik überschaubarer zu machen, ist eine Differenzierung der verschiedenen Richtungen nach dem kalten Krieg unerläßlich.

a. Die amerikanische Richtung

Die Bundesrepublik entstand als ein Produkt amerikanischer Strategie. Die Amerikaner verstanden, wie die Mehrheit der Gründer, die Bundesrepublik als ein Gemeinwesen zur Eindämmung des expansiven Weltkommunismus. In Amerika saßen die stärksten Befürworter westlicher Integration. Die Krise im deutsch-amerikanischen Verhältnis brach Ende der Fünfziger Jahre aus, als das atomare Patt zur friedlichen Koexistenz zwang. Als aber Adenauer aus dem Geist der Entspannung den Verrat der Bundesrepublik folgerte, öffnete sich ein Graben zwischen amerikanischen und deutschen Interessen.

Gerhard Schröder widersetzte sich der Entwicklung, da er wußte, daß Frankreich keine Alternative zu den Vereinigten Staaten bot, weil von diesen die Sicherheit Westberlins abhing. Die konservative Figur des Gaullismus, die die Autonomiebestrebungen Westeuropas repräsentierte, sah sie aber vor allem unter französischer Vorherrschaft. 11 ) Dieser Politik war die bundesdeutsche Regierung nicht bereit zu folgen. Sie sah mehr die amerikanisch-deutsche Partnerrolle. Die europäisch-französische Auseinandersetzung brachte einen Rückfall in nationalstaatliches Gedankengut. 12) Ohne Frankreich in der EWG zu prozedieren hielt Kurt Georg Kiesinger für selbstmörderisch. Während die Wellen der Empörung über Vietnam in der deutschen Öffentlichkeit einen Antiamerikanismus erzeugten, begann die Bundesrepublik ihre Ostbeziehungen neu zu ordnen, brauchte aber dazu die westliche Absicherung, die sie seitens der Amerikaner auch erhielt. Bis Ende der Sechziger Jahre hatte die Bundesrepublik die Ostbeziehung ihrer Verbündeten blockiert, um den Preis der eigenen Unbeweglichkeit und der Erpreßbarkeit durch dritte, sodaß deutsch-amerikanisches Wohlverhalten zum hauptsächlichen Kriterium wurde. 13) Durch die Neuorientierung Bonns gewannen Washington und Bonn eine beachtliche außenpolitische Handelsfreiheit, Washington global, Bonn in Europa.

b. Die europäischen Verbündeten
In Europa fiel der Bundesrepublik immer mehr die Rolle des Vermittlers zwischen Kontinentaleuropa und England zu, um die gegensätzlichen Interessen endgültig zu überwinden. Die Bundesrepublik handelte als eigenständiger westeuropäischer Partner, obwohl sie gleichzeitig in vielfacher Weise mit den anderen westeuropäischen Staaten verflochten war. Daß die Bundesrepublik ihren gesamtdeutschen Anspruch ständig aufrecht erhielt, wirkte als starker Anreiz nach dem eigenen Bewegungsgesetz zu handeln. Sie erinnerte sich in den Sechziger Jahren an ihre traditionell mittel- und osteuropäische Perspektive und gewann eine weitere Stufe der Selbständigkeit. Damit ging die Ausschließlichkeit der Westorientierung der Bundesrepublik verloren, mit der sie durch die Fünfziger Jahre gegangen war.

c. Die osteuropäischen Nachbarn
Erster Adressat der osteuropäischen Politik ist die Großmacht Sowjetunion. Das antikommunistische Trauma der Nachkriegszeit ließ sich nur schwer überwinden und da die fortgesetzte Bedrohung zu den konstanten Realitäten der westdeutschen Lage zählt, war die Situation besonders belastet. Die Befreiung von dieser Hypothek machte die Bundesrepublik zur westeuropäischen Führungsmacht im Bezug auf den Abbau der Ost-West-Spannung. Zweiter Adressat des westdeutschen Ausgleichs mit Osteuropa sind

die unter der Herrschaft der Sowjetunion stehenden osteuropäischen Staaten. Der Aufbau von wirtschaftlichen, diplomatischen und kulturellen Beziehungen waren die Früchte dieser Öffnung nach Osten.

d. Die Beziehungen zur DDR
Die DDR ist die institutionalisierte Kriegsbeute der UdSSR. Dies blieb sie eine gewisse Zeit (1990) noch, da sie weltpolitisch so fest fixiert war, wie die Bundesrepublik, obwohl ein Unterschied bestand, was die Legitimität beider Staaten betraf. Seit Mitte der Fünfziger Jahre existierten zwei deutsche Staaten. Die starre Politik Adenauers konnte das weder abändern noch verhindern. Brandts Formel vom geregelten Nebeneinander in Deutschland brachte hier die eingreifendsten Veränderungen, wenn auch nicht auf dem Gebiet, auf dem Adenauer Veränderungen anstrebte.

e. Teilhabe am Geschehen in der Dritten Welt
Aus den Gärungen des großen Streits zwischen den Industrienationen und denen, die es werden wollen, ergibt sich die wohl größte Bedrohung des Weltfriedens. Entwicklungshilfe muß versuchen, das Verlangen der ehemaligen Kolonialgebiete nach Gleichberechtigung mit den Bedürfnissen der internationalen Stabilität in Einklang zu bringen. Daß die Bundesrepublik dabei eine führende Rolle spielte in Europa, ergab sich aus ihrer wirtschaftlichen Kraft wie aus dem Fehlen einer belastenden kolonialen Tradition.

6. Positionsfeststellung Anfang der 70er Jahre
So kann man die weltpolitische Position der Bundesrepublik Anfang der 70er Jahre folgendermaßen charakterisieren: Es handelt sich um einen mittleren Staat im Unterschied zu den

nuklearen Großmächten, der eigene weltpolitische Ansprüche anmeldet. Sie ist nach wie vor der westdeutsche Teil der amerikanischen Einflußsphäre. Der Weltfriede gilt ihr als höheres Gut als eine Grenzziehung nach dem Willen der betroffenen Bevölkerung.

7. Standortbestimmung durch die weltpolitische Landschaft prägende Gegebenheiten
Seit Beginn der 70er Jahre bestimmt eine Verbindung von Entspannungsbemühung, Abrüstungsverhandlung und den nationalen Rüstungsanstrengungen der Supermächte sowie die Zuspitzung der weltwirtschaftlichen Lage, die weltpolitische Landschaft und damit auch den Standort der Bundesrepublik Deutschland.

a. Im Bezug auf den Ostblock
Die Verträge von Moskau, Warschau und Prag (1970 und 1973), der Grundlagenvertrag mit der DDR (1972) und die Mitwirkung der Bundesrepublik bei der Helsinkikonferenz über Sicherheit und Zusammenarbeit in Europa (1975) haben bewirkt, daß normale Beziehungen mit den osteuropäischen Staaten bestehen und daß die Bundesrepublik zum wichtigsten Handelspartner des Ostblocks geworden ist. 14) Ob die Konferenz von Helsinki eine neue Phase der Entspannung eingeleitet hat, oder das Konferenzgeschehen und seine Ergebnisse vorwiegend unter taktischem Kalkül zu bewerten sind, läßt sich unter den Einwirkungen der Afghanistankrise nur schwer beurteilen.

b. Im Bezug auf die Dritte Welt
Auch die seit 1974 verstärkt aufgetretene internationale Wirtschaftskrise markiert Möglichkeiten und Grenzen der

deutschen Politik. Zum ersten Mal in der Nachkriegszeit war das weltwirtschaftliche Wachstum ins Stocken geraten und das Weltsozialprodukt ging sogar zurück.

## Rohstoffimporte der Bundesrepublik (1977)

| Kupfererze | 72 | Papua-Neuguinea, Chile, Indonesien |
|---|---|---|
| Rohkupfer | 41 | Chile, Sambia |
| Zinnerze | 58 | Bolivien, Indonesien, Singapur |
| Rohzinn | 90 | Indonesien, Thailand, Malaysia |
| Eisenerz | 53 | Brasilien, Liberia |
| Manganerze | 18 | Marokko, Brasilien |
| Bleierze | 28 | Marokko, Bolivien, Peru, Mexico |
| Bauxid | 56 | Guinea, Sierra Léone, Guyana |
| Kobald | 42 | Zaire |
| Nobium-, Tantal u. Vanadium-Erze | 65 | Brasilien, Mosambique |
| Chromerze | 21 | Türkei, Madagaskar |
| Phosphate | 46 | Tunesien, Israel, Marokko |
| Naturkautschuk | 97 | Malaysia, Indonesien, Singapur, Sri Lanka, Zaire |
| Jute | 94 | Bangladesch, Nepal |
| Hartfasern | 98 | Sri Lanka, Brasilien, Madagaskar |
| Buamwolle | 68 | Guatemala, Türkei, Kolumbien, Sudan |
| Laubrundholz | 100 | Elfenbeinküste, Ghana, Kamerun, Liberia |
| Laubschnittholz | 90 | Malaysia, Elfenbeinküste, Phillippinen, Ghana |
| Kaffee | 100 | Kolumbien, El Salvador, Kenia, Brasilien, Guatemala |
| Kakao | 100 | Elfenbeinküste, Nigeria, Ghana, Brasilien, Kamerun |
| Tee | 92 | Indien, Sri Lanka, Bangladesch, Indonesien |
| Bananen | 99 | Panama, Costa Rica, Kolumbien, Honduras, Equador |
| Erdöl | 94 | Libyen, Saudi-Arabien, Iran, Algerien, Nigeria, VAE |

Die Anfang der 70er Jahre in Erscheinung tretende Öl- und Rohstoffkrise zeigt die enge weltwirtschaftliche Verflechtung und die wechselseitige Abhängigkeit zwischen Industrie- und Entwicklungsländern. Die Industriestaaten müssen ihr Verhältnis zu den Erdölländern und zu den Rohstofflieferanten der Dritten Welt neu bestimmen. Europa hat dabei aufgrund seiner geographischen Lage, seiner Energie- und Rohstoffarmut und seiner geschichtlichen Beziehungen zur Dritten Welt Sonderinteressen, die von denen der USA abweichen.

Der von Dritte-Welt-Ländern gestellten Forderung nach Rohstoffkartellen und Verstaatlichung ausländischer Investitionen gegenüber, unterstützt die Bundesrepublik Abschlüsse von Rohstoffabkommen und Zusammenschlüsse auf regionaler Basis, sowie die wirtschaftliche Zusammenarbeit mit den Entwicklungsländern z. B. auf der Basis des Abkommens von Lomé. Statistik der Handelsbilanz Mio US$ 16) OECD-OPEC u.a.

|  | 1976 | 1977 | 1978 |
|---|---|---|---|
| **OECD-Länder** | - 17250 | - 23.200 | + 3.500 |
| **OPEC-Länder** | + 66.250 | + 61.500 | + 42.800 |
| **Entwicklungsländer ohne OPEC-Länder** | - 25.000 | - 23.500 | - 34.000 |

Bei solchen Neuregelungen dürfen auch die Bedürfnisse und Interessen derjenigen Entwicklungsländer, die über keine Rohstoffreserven verfügen, nicht außer acht gelassen werden. Die Bundesrepublik als ein im Welthandel gewichtiges Land trägt hierfür eine besondere Verantwortung. Daß sie dieser Verantwortung gerecht wird, hat sie in Nairobi 1976 bewiesen (Schuldenregelung gegenüber Entwicklungsländern).

c. Im Bezug auf Europa
Einen weiteren Verantwortungsbereich hat die Bundesrepublik Deutschland als Partner im Atlantischen Bündnis und als Mitgliedsstaat der europäischen Gemeinschaft. Die Jahre 1973 - 1975 warfen wegen weltweiter Inflation und Rezession die europäische Gemeinschaft in ihrem Planen für den inneren Ausbau zurück, brachten aber gleichzeitig die ersten Ansätze einer gemeinsamen Außenpolitik. Diese gemeinsamen Aktionen anläßlich der Nahostkrise veranlaßten Nixon im März 1974 den Neun vorzuwerfen "sich gegen die Vereinigten Staaten zusammenzurotten". Im Gymnicher Gentleman's Agreement gelang es unter deutscher Präsidentschaft das Problem zur beiderseitigen Zufriedenheit zu lösen. 17) Die im Verlauf des Jahres 1977 an die EG gerichteten Beitrittsgesuche Portugals, Spaniens und Griechenlands, haben in der Bundesrepublik einen Verfechter der Erweiterung der Gemeinschaft aus politischen Gründen gefunden.

8. Kulturpolitik im Dienste der Verständigung
Der Bereich der kulturellen Zusammenarbeit weitete sich parallel zur Aktivität der deutschen Außenpolitik auf immer mehr Länder und Institutionen aus. Bereits 1951, kurz nach der Neugründung des Auswärtigen Amtes, wurde die Bundesrepublik Mitglied der UNESCO als der wichtigsten internationalen Organisation für erzieherische, wissenschaftliche und kulturelle Zusammenarbeit. Sie erleichterte es der Bundesrepublik neben dem politischen, insbesondere das kulturelle Ansehen wiederzugewinnen. 18)

Kulturabkommen bilateraler Art mit USA, Italien, Spanien, Frankreich usw. waren zugleich auch Marksteine der fortschreitenden bundesdeutschen Gleichberechtigung. So konnte Bundeskanzler Brandt im Jahresbericht der Kulturabteilung für 1966 mit Recht erklären, daß die auswärtige Kulturpolitik neben der auswärtigen Politik und der Außenwirtschaftspolitik zu einem der drei tragenden Pfeiler einer modernen Außenpolitik geworden ist. 19 ) Will man die Bemühungen auf einen gemeinsamen Nenner bringen, so war die Bundesrepublik im Bereich ihrer auswärtigen Kulturpolitik bemüht, nach Möglichkeit alle Länder der Welt, zu denen sie Beziehungen unterhält, mit deutscher Kultur in ihrer mannigfachen Form in Berührung zu bringen. Auf dieser Basis sollte der kulturelle Austausch der Verständigung zwischen den Menschen und so der Sicherung des Friedens dienen. 20)

9. Veränderte Rolle der Bundesrepublik Deutschland in der internationalen Politik

Stellt man die Ausgangsposition von 1949 der Situation von 1979, wenn auch nur in groben Zügen gegenüber, so ergibt sich eine veränderte Rolle der Bundesrepublik Deutschland in der internationalen Politik. 1949 trat die Bundesrepublik als politisches Fragment in Nachfolge des vereinigten Wirtschaftsgebietes in eine Staatengemeinschaft ein, die von einem elementaren Bedürfnis nach Ruhe und Stabilität geprägt war, ohne das Recht auswärtige Politik zu betreiben. 1979 besteht die Bundesrepublik integriert in die europäische Gemeinschaft und das westliche Bündnis als mittlerer Staat, an zweiter Stelle im Welthandel stehend und mit beachtlichen politischen Einflußmöglichkeiten, die sie unterschiedlich nutzt. "Ihre Sicherheit im Rahmen von Allianz und Integration ist nach menschlichem Ermessen gewährleistet" 21), behauptete schon eine Stellungnahme des auswärtigen Amtes zu Beginn der 7oer Jahre. Am Ende des Dezeniums konnte dies wiederum behauptet werden.

## 10. Konstante deutsche Außenpolitik während der 80er Jahre

Auch bezüglich der 80er Jahre sollen verschiedene Schienen deutscher Außenpolitik aufgezeigt werden, um abschließend eine Standortbestimmung des vereinigten Deutschlands zu Beginn der 9oer Jahre zu ermöglichen.

### a. Die NATO

Das Bündnis durchlief während der 80er Jahre in der Bundesrepublik Höhen und Tiefen. Als grundlegend erwies sich der bereits in der Ära Schmidt/Genscher verabschiedete und z.T. erst mit der Regierung Kohl/Genscher verwirklichte NATO- Doppelbeschluß. Mit der gegen starken Widerstand insbesondere der Friedensbewegungen und der Grünen durchgeführten Stationierung von Pershing II und Pershing Ia(Kurz und Mittelstreckenraketen) kommt in der UdSSR die Furcht vor einem "Enthauptungsschlag" auf. Die Bundesrepublik wird zum vorgezogenen Stützpunkt, der zugleich der größten Gefahr ausgesetzt ist. Die Verteidigungsausgaben steigen zwar absolut, ihr Anteil am Bruttosozialprodukt sinkt jedoch. (1975-79:3,4%; 1985-89:3,0%) 22)

Wehrdienstverlängerung ist Ende der 80er die Konsequenz aus dem wegen des Geburtenrückgangs entstandenen Personaldefizit.

Die KSE-Verhandlungen 23) von Helsinki bis Wien (1990) haben in der zweiten Hälfte der 80er Jahre ihre ersten Erfolge: Abschaffung der Mittelstreckenraketen auf beiden Seiten.

Maßgebliches Zugeständnis der Bundesregierung bezüglich der Pershing IA brachte den Durchbruch in den Verhandlungen Gorbatschow/Reagan. Die sowjetische Politik wird immer mehr von den Grundsätzen Gorbatschows geprägt: Glasnost und Perestroika 24).

Die revolutionären Ereignisse des Jahres 1989, eingeleitet mit Ermahnungen des Kreml Chefs zur Abschaffung des Stalinismus, finden 1990 seine nachträgliche Zustimmung. Nach intensiven Verhandlungen war auch für Deutschland das Jahr der Einheit gekommen. Jahrzehnte der verläßlichen Außenpolitik auch im NATO Bündnis, zahlten sich aus und alle Siegermächte des zweiten Weltkrieges stimmten der deutschen Vereinigung zu. Zugleich wurde auch die Nachkriegszeit offiziell zu Grabe getragen.

Die Wiener Verhandlungen erbrachten gemeinsame Obergrenzen für die wichtigsten Waffengattungen. Im schärfsten Konkurrenten der NATO, dem Warschauer Pakt machen sich Auflösungserscheinungen bemerkbar.-

Das Territorium der ex-DDR kann mit Zustimmung des Kreml Bestandteil der NATO werden. Zugleich steht die NATO und mit ihr das neue Deutschland an der Schwelle zur Neubesinnung. Die veränderten Verhältnisse erfordern eine neue Strategie und eine veränderte Struktur. Verschiedene Fragen beschäftigen das neue Deutschland darüberhinaus. Die gewachsene Bedeutung und die zurückerhaltene volle Souveränität lassen die Grenzen des Grundgesetzes für die Einsatzfähigkeit deutscher Streitkräfte in Bündnis und UNO anachronistisch erscheinen. (Art.87a; Art.24)

## b. Europa

Zu Beginn der 80er Jahre überschattete ein Regionalkonflikt die bestehende Eintracht der Europäer: Der Falkland/Malwinen-Konflikt. Wenn auch die Unterstützung der Briten 1982 nur den Handel mit Argentinien betraf, so kann doch mit Recht festgestellt werden, daß die EG gestärkt aus der Probe hervorging. Deutschland, wie Großbritannien Nettozahler der Gemeinschaft, zieht aus einer zunehmend enger werdenden EG handelspolitische Vorteile als weltgrößter Exporteur.

Die feste Verankerung in einer sich um Portugal, Spanien (1986) und Griechenland (1983) erweiternden Gemeinschaft mit ständig anwachsender Freizügigkeit und Rechtsangleichung, geben der Bundesrepublik die Chance sich auf die 1989 entstehenden Veränderungen im Osten Europas einzulassen. Die Bundesrepublik ist 1989 der bei weitem wirtschaftlich stärkste Partner in der EG und kann, ohne zum Notstandsgebiet zu werden, die bankrotte DDR sukzessive wirtschaftlich und politisch integrieren. Jahrzehnte der verläßlichen Europapolitik garantierten die Zustimmung der EG-Partner.

Neben der noch lange dauernden Integration der fünf neuen Bundesländer sind noch erhebliche wirtschaftliche Leistungen an den Osten (UdSSR, Polen u. a.) zu entrichten. Der Preis für ein" europäisches Haus" (Gorbatschow) ist hoch. Die Aufgabe von Teilen staatlicher Souveränität bestimmt den weiteren Integrationsprozeß 25) in der EG. Dennoch wird auch der Ruf nach mehr Verantwortung unter den EG-Partnern für das neue Deutschland laut. Die EG ist neben der NATO der zweite Pfeiler, auf dem die bundesdeutsche Außenpolitik ruht.

c. Die Dritte Welt

Die 8oer Jahre sind geprägt von zunehmendem Wohlstand in der Bundesrepublik und daher von der Möglichkeit intensiver öffentlicher und privater Entwicklungshilfe. Festgelegt wurden Leitlinien, wie Unterstützung globaler Friedenspolitik, Unterstützung wirtschaftlicher und auch politischer Eigenständigkeit der Entwicklungsländer, partnerschaftliche Zusammenarbeit, Förderung des sozialen und wirtschaftlichen Fortschritts, die Bekämpfung von Massenarmut, Hilfe zur Selbsthilfe, die Respektierung der Souveränität jedes Landes und nicht zuletzt in diesem Rahmen: deutsche Interessenvertretung 26).

Wenn auch in absoluten Zahlen die Ausfuhr in die Dritte Welt und die Einfuhr aus der Dritten Welt ansteigt, schrumpft doch der prozentuale Anteil von der Gesamt-Ein-und Ausfuhr der Bundesrepublik. 27) Ein Grund mag die hohe Schuldenlast in verschiedenen Ländern der Dritten Welt sein. Verschiedene Umschuldungs- und Schuldenerlaßmaßnahmen auf internationalen Konferenzen konnten dieses Problem bis zu Beginn der 9oer Jahre noch nicht in den Griff bekommen. Der gegen Ende der 80er Jahre zu Verzeichnende Rückgang der Erdölpreise, der der Wirtschaft in den Industrieländern zusätzlichen Auftrieb gab, wird erst mit dem Ausbruch der Irakkrise gestoppt. Hohe Schulden nach dem Iran/Irak-Krieg mögen ein Grund für die Besetzung Kuwaits durch die Truppen Saddam Hussains 199o gewesen sein.

Wegen der hohen Exportabhängigkeit und der Rohstoffabhängigkeit der deutschen Wirtschaft, werden die Beziehungen zur Dritten Welt auch weiterhin eine wesentliche Rolle in der deutschen Außenpolitik nach der Vereinigung vom 3. Oktober 199o spielen. Der Irak-Konflikt zeigt aber deutlich, wie wesentlich die Umorientierung in Richtung Nordseeöl und Energieeinsparung im Laufe der 80er Jahre war. Zugleich wird auch die Gefahr deutlich, daß der alles beherrschende Ost-West-Gegensatz der letzten Jahrzehnte abgelöst wird von einem anwachsenden Nord-Süd-Konflikt. Weiterhin wird beachtet werden müssen, daß Hilfen für den Osten Europas nicht zulasten der Entwicklungshilfe geht.

11. Die Rolle der Bundesrepublik Deutschland nach der Vereinigung vom 3. Oktober 199o in der internationalen Politik

Will man die neue Rolle der Bundesrepublik realistisch beurteilen, muß man sie im Rahmen der internationalen Verflechtungen definieren. Die Funktion als Eckbastion des europäischen Pfeilers der NATO verliert durch die umfangreichen Abrüstungsmaßnahmen infolge der KSE-Verhandlungen sowie durch die Auflösungserscheinungen des Warschauer Paktes zunehmend an Bedeutung, obwohl die NATO insgesamt eine stabilisierende Institution im Europa des Wandels bleibt 28). Gleichzeitig erhält die Bundesrepublik durch ihre geographische Lage und ihre Wirtschaftskraft eine verstärkte integrative Funktion. Dies gilt insbesondere bezüglich der Länder Polen, Ungarn, CSR als seit dem 3. Oktober 1990 unmittelbaren Nachbarn, aber auch für die UdSSR, der gegenüber weitgehende Verpflichtungen übernommen worden sind. Die EG an diesen schweren Aufgaben zu beteiligen müßte im Interesse des stabilisierenden Erfolges auch Anliegen zukünftiger bundesdeutscher Politik sein.

Trotz rapide steigender Anforderungen infolge der Ereignisse gegen Ende des Jahrzehntes in Europa, bleibt der Nord-Süd-Ausgleich dringendes Anliegen deutscher Politik. Der mit dem Abbau der Ost-West-Spannungen in den Vordergrund rückende Nord-Süd-Konflikt nimmt Ende 1990 mit der Irak-Krise eine besonders unangenehme Form an. Auch hier sind Bündnisverpflichtungen dominant. Dennoch mahnt die Krise zwei Dinge an: Zum einen muß Deutschland bereit sein international mehr Verantwortung zu tragen, wenn dies erwünscht wird (z.B. Vermittlung in Krisen, Unterstützung). Zum zweiten ist Hilfe zur Selbsthilfe eine nicht nur humanitäre Aufgabe, die Länder der Dritten Welt auf das dritte Jahrtausend vorzubereiten, die in beiderseitigem Interesse liegt.

Unser Planet ist klein geworden in der zweiten Hälfte des zwanzigsten Jahrhunderts. Das Ozonloch mag als stellvertretendes Beispiel gelten. Auch in diesem weiten Feld ist eine Mitwirkung im Rahmen der EG und darüberhinaus notwendig 29). Es kann eben nicht sein, daß die Bundesrepublik nach ihrer vollzogenen Vereinigung, so teuer sie auch sein mag, Nabelschau hält.

Deutschland ist also zu Beginn der letzten Dekade des zwanzigsten Jahrhunderts international bedeutender geworden. Man könnte sagen eine große Mittelmacht (Atomwaffen hat sie nicht, die Bevölkerungszahl liegt etwa bei achtzig Millionen), fest einzementiert in ein System von Bündnissen und Gemeinschaften.

Gibt diese Rolle den Nachbarn Anlaß zu Befürchtungen? Ängste vor einem vergrößerten Deutschland, basierend auf

Erfahrungen aus vergangenen Zeiten sind unbegründet und tragen den Verhältnissen einer hochtechnisierten westlichen Industrienation, die sehr verletzlich ist und hochgradig auf internationale Zusammenarbeit angewiesen ist, nicht genügend Rechnung 30). Auch ist ein Verschmelzungsprozeß in Europa im Gange, der politische Alleingänge in Zukunft auf ein Minimum reduziert.

In einer neuen Zieldefinition deutscher Außenpolitik nach der Vereinigung werden wohl die Erhaltung des Vertrauens der Welt und der Sicherung der Freiheit Priorität einzuräumen sein.

Der Rücktritt Genschers und seine Nachfolge
Aus der Sicht des unbestritten erfolgreichen Politikers verläßt Hans Dietrich Genscher im Mai 1992 nach achtzehnjähriger Tätigkeit als Bundesaußenminister ein wohlbestelltes Haus. Insofern als alle wesentlichen Hürden genommen seien, habe sein Nachfolger Klaus Kinkel eine durchaus zu bewältigende Aufgabe. Dies war der Tenor zahlreicher Interviews eines Politikers, der sich nun mehr der inneren Einheit Deutschlands zuwenden wird. Die in seinem Abschiedsbrief an Bundeskanzler Kohl festgehaltenen außenpolitischen Orientierungen für seine Nachfolger bestehen aus: Dem europäischen Rat in Maastricht, der NATO-Außenministerkonferenz in Kopenhagen, dem NATO-Gipfel in Rom und nicht zuletzt dem Zusammentritt des KSZE-Ministerrats in Berlin.

Für seine Nachfolger sieht indes die Aufgabe keineswegs leicht lösbar aus. Nicht nur, daß sie angehalten sind, den gesetzten Rahmen mit Leben zu erfüllen sondern ernste sicherheitspolitische Probleme in einer konfliktreicher gewordenen europäischen Welt sind existent. Auch die Frage nach der Verteilung des wesentlich enger gewordenen finanziellen Budgets stellt sich unaufhaltsam. Wer wird leiden müssen? Afrika, Lateinamerika, Asien? Der Osten wird noch lange erhebliche Summen beanspruchen. Das Jugoslawien-Problem ist zwar das Nächstliegende, nicht aber das auf die Dauer schwerwiegendste, dessen Lösung ansteht. Viele Jugoslawien drohen im Osten und auch die Dritte Welt fordert mehr Partizipation an der internationalen Politik. Für Deutschland geht es in Zukunft eher darum seine Rolle in der internationalen Politik zu behaupten, wenn sie auch in Teilbereichen noch zu fixieren ist.

Der Parteienstreit um den Einsatz deutscher Soldaten in AWACS-Aufklärern über Jugoslawien und die Auseinandersetzungen über das Somalia-Engagement sind erste Prüfsteine gewesen. Auch das "Staatsziel Europa" darf nicht außer Blickweite geraten bei den Bemühungen die östlichen Nachbarn zu integrieren. Europa, die "Weltmacht im Werden" wird sicher noch viele Opfer von den Nationalstaaten fordern.

13. Kapitel

*VEREINIGT STARK: NEUE STRUKTUREN IM HANDEL*

# VEREINIGT STARK: NEUE STRUKTUREN IM HANDEL

Während heute vor allem im Osten Europas aufkeimende Nationalismen als Zeichen von Umbau und Selbstbesinnung den ehemalig monolithischen Block zerfallen lassen, greifen im Westen umgekehrte Tendenzen Raum. Marktwirtschaftlich ausgerichtete Länder schließen sich zusammen, um ihre Märkte zu vergrößern und ihre Konkurrenzfähigkeit zu erhöhen. In Nordamerika bildet sich die Nordamerikanische Freihandelszone NAFTA bestehend aus USA, Kanada und Mexiko, in Südamerika gewinnt die Rio-Gruppe an Kontur, ein Zusammenschluß aus acht lateinamerikanischen Ländern.

Herausragend ist dabei die Gründung des Gemeinsamen Marktes von Argentinien, Brasilien, Uruguay und Paraguay mit der Bezeichnung MERCOSUR. Ebenfalls bedeutsam insbesondere im Hinblick auf die Friedensaussichten im zentralamerikanischen Bereich ist die Festigung des zentralamerikanischen Marktes bestehend aus den Ländern Costa Rica, Guatemala, El Salvador, Honduras und Nicaragua in Verbindung mit der ersten Zusammenkunft des zentralamerikanischen Parlamentes. Während ein endgültiger Zusammenschluß der im Aufbau befindlichen NAFTA erst im Jahr 1994 zu erwarten ist, besteht der MERCOSUR bereits seit 1991, dem Jahr wo auch das zentralamerikanische Parlament zum ersten Mal zusammentrat.

Für uns Europäer, die mit an der Spitze dieser internationalen Entwicklung stehen, wird nach über dreißigjährigem zähem Ringen am 31. Dezember 1992 der EG-Binnenmarkt Wirklichkeit. Aber was bedeutet nun EG-Binnenmarkt für uns? Aufschluß dazu gibt der Artikel 8a des EG-Vertrages, der auch den zeitlichen Rahmen vorgibt. "Der Binnenmarkt" umfaßt einen Raum ohne Binnengrenzen, in dem der freie Verkehr von Waren, Personen, Dienstleistungen und Kapital gemäß den Bestimmungen dieses Vertrags gewährleistet ist. "Freier Warenverkehr" bedeutet Wegfall von Grenzkontrollen, Harmonisierung oder gegenseitige Anerkennung von Normen und Vorschriften sowie Steuerharmonisierung. Unter freiem Personenverkehr versteht man: Wegfall von Grenzkontrollen, Harmonisierung der Einreise-, Asyl-, Waffen- und Drogengesetze. Aber auch Niederlassungs- und Beschäftigungsfreiheit für EG-Bürger. Freier Dienstleistungsverkehr umfaßt die Liberalisierung der Finanzdienste, Harmonisierung der Bank und Versicherungsaufsicht sowie die Öffnung der Transport- und Telekommunikationsmärkte. Wenn zuletzt von freiem Kapitalverkehr die Rede ist, so bedeutet dies einmal größere Freizügigkeit für Geld und Kapitalbewegungen, des weiteren Schritte zu einem gemeinsamen Markt für Finanzleistungen in Verbindung mit der Liberalisierung des Wertpapierverkehrs. Ausgelöst wurde der radikale ökonomische Umbau 1985 von der EG-Kommission, die ein "Weißbuch" zur Vollendung des einheitlichen Binnenmarktes vorlegte. Im Cecchini-Bericht wurde 1988 auf den Nutzen hingewiesen.

So können durch die Abschaffung aller Handelshemmnisse erhebliche Kosten eingespart werden. Die Konkurrenzsituation verbessern gegenüber Japanern und US-Amerikanern auf den Weltmärkten wird eine stärkere Verflechtung, und die Konzentration von technologischer Zusammenarbeit und Forschung ermöglicht den rationelleren Einsatz vorhandener Resourcen. Nicht zuletzt erwartet man wohl von einer wirtschaftlich gestärkten Gemeinschaft auch ein größeres politisches Gewicht. Alles in allem soll sich die Vollendung des Binnenmarktes insbesondere auf die Wirtschaftsleistung der Europäer positiv auswirken. Schätzungen sprechen von etwa 430 Milliarden Mark zusätzlichen Aufkommens.

Viel Optimismus setzen die Europäer in die Dynamik eines derart verbesserten Marktes von rund 350 Millionen Verbrauchern. Ebenfalls an Vergrößerung seiner Freihandelszone denkt seit Ende der achtziger Jahre die USA. Bereits 1988, also noch vor den bahnbrechenden Ereignissen im Osten, unterzeichneten die Vereinigten Staaten und Kanada ein Handelsabkommen mit dem Ziel der Schaffung einer Nordamerikanischen Freihandelszone. Von Beginn an sollte auch Mexiko Teil der geplanten NAFTA werden, die als Antwort auf den Europäischen Binnenmarkt konzipiert ist und etwa 370 Millionen Verbraucher umfaßt. Während der Zusammenschluß Kanada und USA den Verbund zwischen Wirtschaftsnationen gleichen Niveaus darstellt und damit vergleichsweise einfach konzipierbar ist, dürfte aber die Einbeziehung des hochverschuldeten und wenig entwickelten Mexiko mit seiner schnell wachsenden Bevölkerung und immerhin 90 Millionen Einwohnern, sehr problematisch werden. Wenn man Mexiko auch unter die Rubrik "Schwellenländer" zählt, so fehlt doch kaum ein Problem an dem Entwicklungsländer leiden. Das Niedriglohnniveau der illegalen mexikanischen Wanderarbeiter sorgt bereits heute schon für Unmut in den Südstaaten der USA. Wenn es allerdings langfristig gelingt, die Mexikaner an ihre Heimat zu binden, weil durch einen gemeinsamen Markt der Wohlstand auch dort eingezogen ist, wäre dies ein Erfolg für alle Seiten. Dennoch bleiben sowohl das bevölkerungsarme aber hochentwickelte Kanada als auch Mexiko langfristig die Juniorpartner im Markt, welcher rund ein Drittel der Weltwirtschaftsleistung erbringen wird. NAFTA, ein Markt, der 1994 Realität ist, hat nicht die Geburtswehen wie sein Europäisches Pendant. Zum einen ist die Zahl der Beteiligten geringer. Außerdem herrscht ein anderes weltpolitisches Klima als zu Gründungszeiten der EWG, als die alten Kolonialmächte nur zögernd die Zeichen der Zeit erkannten.

In einer Zeit, wo tragischerweise meist andere Vorkommnisse den Blick auf Südamerika lenken, sollten aber auch die hoffnungvollen Ansätze eines Kontinents nicht außer Betracht bleiben der sich den weltpolitischen Erfordernissen stellt. Hier sei die Bildung der Rio-Gruppe genannt, eine Organisation zur Abstimmung von Außen-, Wirtschafts-, Verschuldungs- und Entwicklungspolitik als eine gemeinsame Angelegenheit auf der Ebene der Staatspräsidenten. Diese 1985 ins Leben gerufene Institution markiert den Ausgangspunkt für die Bemühungen, aus dem Schatten einer Krisenregion zu treten.

Sichtbarer Ausdruck, für die vermehrte Anstrengung im Nord-Süd-Dialog mitzuhalten, ist die Gtründung des gemeinsamen Marktes MERCOSUR im Jahr 1991. Diesem gemeinsamen Markt von nahezu 200 Millionen Menschen, der die Länder Argentinien, Brasilien, Uruguay und Paraguay umfaßt, wird man wohl in Zukunft vermehrt Aufmerksamkeit widmen. Es scheint so, als ob Lateinamerika an Handlungsfähigkeit gewinnt, eine Region, die nicht nur aus Rohstoffgründen für die EG interessant bleibt. Bei den vielfältigen wirtschaftlichen Interessen, welche Mitgliedsländer der EG in Vertragsländern der- neugegründeten Zusammenschlüsse haben, kommt auch der supranationalen Zusammenarbeit vermehrt Bedeutung zu. Fünfunddreißig Jahre nach Gründung der EG (damals EWG der sechs) und gewaltigen politischen Umwälzungen wird die Bedeutung des Marktes klar.

Viel wesentlicher als der Gedanke an zusätzliche finanzielle Gewinne erscheint zur Zeit die Frage nach dem politischen

Selbstverständnis des so zusammenwachsenden Europa. Klar erscheint, daß in dem Maße, in dem das Militärische in den Hintergrund tritt, die Wirtschaft an Bedeutung gewinnt, den Alltag des Einzelnen und das Zusammenleben der Nationen dominiert. Die "Festung Europa" kann nicht das Ziel sein, welches der Binnenmarkt anstrebt. Dieser unter völlig überholten politischen Prämissen 1988 geprägte Begriff paßt schon längst nicht mehr in die heutige Zeit einer völlig veränderten Welt. Die tiefgreifenden wirtschaftlichen und politischen Umwälzungen im Osten erfordern ein hohes Maß an Flexibilität. Ebenso stellt das immer mehr in den Vordergrund getretene Nord-Süd-Verhältnis zunehmend neue Aufgaben und fordert Kooperationswilligkeit. Der 1990 mit der Rio-Gruppe abgeschlossene Kooperationsvertrag ist ein die Region Südamerika betreffendes Beispiel. Für die im wesentlichen Afrika betreffenden AKP-Länder werden in Lomé seit 1975 zunehmend mehr finanzielle Hilfen im Rahmen der Handels- und Entwicklungsabkommen mit der EG gewährt.

Zweifelsohne lassen sich noch viele Beispiele finden für den vergrößerten Handlungsspielraum der EG in einer Welt im Wandel aber auch für die Vorteile, die der neue Binnenmarkt dieser Welt bietet, einer Welt, die sich zunehmend organisiert. Selbst in Asien entsteht ein Zusammenschluß (APEC), der ökonomische Ziele hat. Mitglieder sind Australien, Brunei, China, Hongkong, Kanada, Indonesien, Malaysia, Japan, Philippinen, Singapur, Thailand, Taiwan, Neuseeland und USA.

# 14. Kapitel

## *MINDERHEITENSCHUTZ BEISPIELHAFT*

# MINDERHEITENSCHUTZ BEISPIELHAFT

Minderheitenschutz Beispielhaft- Wirksamer Judenschutz in Dänemark vor fünfzig Jahren
Als am 4. Mai 1945 die Kämpfe in Norddeutschland eingestellt werden und die deutschen Truppen von General Lindemann vor den Briten unter Montgomery kapitulieren, atmet Dänemark auf. Noch wenige Tage vorher schien es so, als wollten die Deutschen im Norden eine der letzten Schlachten des zweiten Weltkriegs schlagen. Die Einsicht in die absolute Sinnlosigkeit dieses Unterfangens ließ den Kelch an Dänemark vorübergehen. Es mußte daher nicht, wie z. B. die deutschen Ostgebiete, den Preis für die jahrelange Verschonung am Ende zahlen. Aber auch Dänemarks Juden, die sich seit 1943 in Schweden befanden, atmeten auf.

Dänemark war also auch in einer weiteren Hinsicht eine Ausnahme. Während mit dem Rückzug der deutschen Truppen z.B. aus Polen und der Sowjetunion die Kriegsverbrechen und Greueltaten offenbar wurden, war dies in Dänemark nicht so.-Im Rahmen der Aktion Weserübung Süd" war Dänemark am 9. April 1940 von deutschen Truppen besetzt worden und stand seitdem unter deutscher Besatzungsherrschaft. Damit standen auch die dänischen Juden in der Reichweite von Gestapo und SS.

Adolf Hitler hatte in seiner Reichstagsrede vom Januar 1939 bei einem nochmaligen Weltkrieg den Untergang der jüdischen Rasse angekündigt. Auf der Wannseekonferenz wurde am 2o. Januar 1942 die endgültige Lösung der Judenfrage beschlossen, und ab dem 1. Juni 1942 mußten im besetzten Frankreich und in den Niederlanden alle Juden den Judenstern als Erkennungsmerkmal tragen.

Dennoch: die Juden in Dänemark blieben, abgesehen von einem gescheiterten Nazi-Attentat auf die Synagoge Kopenhagens im Jahre 1941, von derartigen Maßnahmen unbelästigt. Dies war eine unmittelbare Folge der von der dänischen Regierung betriebenen Kollaborationspolitik, die mit ihren Zugeständnissen und aufgrund des reibungslos ablaufenden Warenverkehrs mit der Okkupationsmacht erreichte, daß solch vorbildliche Verhältnisse nicht durch die äußerst unpopuläre Maßnahme der Judendeportation gefährdet wurden. Man fürchtete auf deutscher Seite als Folge einer solchen Judenaktion sogar den Rücktritt der dänischen Regierung, welche nach einem Bruch der dänischen Verfassung durch die Deutschen nicht wieder zusammentreten würde. Darüberhinaus erwartete man Unannehmlichkeiten, den Rücktritt des Königs, Generalstreik, Produktions- und Lieferstopp sowie Widerstand der Bevölkerung.

Als aber die dänische Regierung aufgrund vielfältiger Auseinandersetzungen und Ereignisse insbesondere des 28. August 1943 nicht mehr zusammentrat, befürchtete man lediglich Aktionen des dänischen Widerstandes. Dennoch war in den Reihen der maßgeblichen Personen auf deutscher Seite, wie der Schiffahrtssachverständige G. F. Duckwitz versicherte, mit Ausnahme der Gestapo kein Befürworter von Judenpogromen. So protestierte der Befehlshaber der Wehrmacht General von Hannecken gegen die Teilnahme von Wehrmachtssoldaten an Judenverfolgungen, nannte sie eine "rein politische Angelegenheit" und weigerte sich, das Prestige der Wehrmacht im Auge, die Feldpolizei für die eingeleiteten Maßnahmen zur Verfügung zu stellen. Sogar SD-Chef und Polizeioberhaupt Mildner fuhr nach Berlin, um den Chef des Reichssicherheitshauptamtes Ernst Kaltenbrunner zu bewegen, die Aktion zurückzunehmen. Dies tat er mit der Ermächtigung des Reichsbevollmächtigten Werner Best, der am 8. September 1943 nach Berlin telegrafiert hatte "die Lösung der Judenfrage" ins Auge zu fassen.

Eigenen Angaben zufolge hatte Best durch eine Indiskretion erfahren, daß die Judendeportation nun auch in Dänemark bevorstand. Den Brief hatte er nur geschrieben, um die Aktion sabotieren zu können, ohne in Verdacht zu geraten. Mit seinem Wissen war dann der Schiffahrtssachverständige Duckwitz am 28. September ins alte Arbeiterversammlungsgebäude in der Roemersgade 22 gegangen, wo er den Sozialdemokraten Hedttoft aufsuchte und ihm den über Tausende von Menschenleben entscheidenden Hinweis auf die bevorstehende Aktion gab.

Hedttoft verständigte am selben Abend den Vorstand der Mosaischen Glaubensgemeinschaft Henriques davon, daß die Gestapo die Absicht habe, am 1. und 2. Oktober alle Juden auf im Hafen bereitstehende Schiffe zu laden und zu deportieren. Die überwiegend ablehnende Einstellung in den Reihen der Besatzer schaffte also in Dänemark relativ günstige Voraussetzungen für die Aktionen der Widerstandsbewegung zur Evakuierung der jüdischen Mitbürger über den Öresund nach Schweden.

Verfolgung und Evakuierung nach Schweden
Dennoch war zum Gelingen der Aktion der Mut und die Tatkraft vieler Helfer notwendig, sowie eine positive Grund-

einstellung der Bevölkerung. Durch die Judenverfolgung wurde in der Tat nach vielen Krisen der endgültige Bruch zwischen der Okkupationsmacht und der dänischen Bevölkerung herbeigeführt. Zwar gab es nur etwa 7000 Juden in Dänemark, eine Minorität ohne besonderen Einfluß im dänischen Staat. Um so unverständlicher war es für die dänische Bevölkerung, daß diese Gruppe deportiert werden sollte und es wuchs die Bereitschaft, die jüdischen Landsleute zu unterstützen. Dem gegenüber gab es in Dänemark nur wenige Antisemiten, welche sich bei den Parteien DNSAP und DNSAP-N konzentrierten, die ohnehin nur eine geringe Anhängerschaft hatten. Fritz Clausen, der Exponent der dänischen Nationalsozialisten allerdings forderte Maßnahmen gegen die jüdische Bevölkerungsgruppe.

Clausen befand sich dabei auf der Linie Hitlers, der mit dem Sieg über die internationale jüdische Bewegung die Vorstellung von der völligen Vernichtung dieses Gegners verband, um einerseits seine Rassenutopie zu realisieren und letztlich um die Weltherrschaft zu erlangen. Wenn auch die Anzahl der dänischen Anhänger Clausens gering war, so erwies sich diese Gruppe doch als sehr unangenehm, denn unter ihnen waren Spitzel, die der Gestapo Hinweise auf versteckte Juden gaben. Der Gesamterfolg des Einsatzes, der durch Widerstandsorganisationen sowie der Bevölkerung erreicht wurde und 95 Prozent der dänischen Juden die Freiheit brachte, spricht aber für sich.

Die gesamte Aktion lief folgendermaßen ab. Bereits am Morgen des 29. September wurde in der Synagoge die Nachricht von der am 1. Oktober bevorstehenden Deportation bekanntgegeben. Am selben Tage intervenierte der Direktor des dänischen Roten Kreuzes beim Reichsbevollmächtigten Best und machte ohne Erfolg einen Alternativvorschlag, um die Deportation der Juden zu verhindern. Die Vorsitzenden der dänischen Wirtschaftsverbände und auch der König machten Eingaben, Petitionen, Warnungen und Proteste, welche allesamt die geplante Aktion nicht mehr aufhalten konnten.

Parallel dazu arbeitete der Widerstand, dem es gelang, zunächst einmal den größten Teil der Juden innerhalb von zwei Tagen bei Nichtjuden oder in Krankenhäusern unterzubringen, wo sie die Gelegenheit zur Flucht nach Schweden abwarten konnten. Übrig blieben 284 Personen, meist alte Leute oder solche, die den Warnungen keinen Glauben geschenkt hatten. Diese fielen den Häschern bei der Aktion am 1.Oktober bis 21.00 Uhr in die Hände. Bis zum Ende der Aktion am 2. Oktober kamen noch einmal knapp zweihundert Juden hinzu und der Reichsbevollmächtigte erließ folgende offizielle Mitteilung(Telegramm Best an das Auswärtige Amt vom 2.10. 1943; NG-3951 ):

"Nachdem durch die von deutscher Seite getroffenen Maßnahmen die Juden, die durch ihre deutschfeindliche Hetztätigkeit und durch moralische und materielle Unterstützung von Terror- und Sabotagebestrebungen wesentlich zur Verschärfung der Lage in Dänemark beigetragen haben, aus dem öffentlichen Leben ausgeschaltet und an weiterer Vergiftung der Atmosphäre verhindert worden sind, wird zur Erfüllung der Wünsche weiter Kreise der dänischen Bevölkerung in den nächsten Tagen mit der Entlassung der internierten dänischen Soldaten begonnen und die Entlassung in dem durch die technischen Möglichkeiten gebotenen Tempo durchgeführt werden."

Best wußte selbst, daß es sich bei der Mitteilung um eine Lüge handelte, denn zu gering war die Zahl der verhafteten Juden. Die Gestapo war aber nicht in der Lage zu verhindern, daß in den folgenden Nächten etwa 7000 Juden mit Unterstützung von Bevölkerung und Widerstand sicher nach Schweden gelangten. Die dänische Nation einigte sich im Widerstand, und die Bereitschaft der Dänen, an illegaler Arbeit teilzunehmen, wuchs sprunghaft an.

Demokratie und erfolgreicher Minoritätenschutz

Interessant und ansonsten in dieser Form in keinem anderen besetzten Land während des Zweiten Weltkrieges beobachtet, ist die Konsequenz mit der sich die Dänen vor ihre bedrohten jüdischen Mitbürger stellten. Es war ja zugleich auch ein Kampf um demokratische Ideale der sich an dieser Frage entzündete. In einem Brief vom 22.6.1942 schrieb Werner Best in einem Brief an SS-Beamte:

"Die Judenfrage ist das Dynamit, mit dem wir die letzten Heckenschützennester des Liberalismus ausräuchern. Die Völker, die ihre Juden ausliefern, geben damit ihre frühere verjudete Lebensweise auf, der falsche Freiheitsideale zugrunde lagen. Erst dann können sie ihren Rang im Kampf um die neue Welt einnehmen. "

In dieser Auseinandersetzung waren die Fronten frühzeitig klar. Die Perzeption der dänischen Bevölkerung als durch und durch demokratisch hatte die Konsequenz, daß seitens des

Okkupanten die Judenfrage erst spät, d.h. Oktober 1943 angegangen wurde, um Unruhen im Land zu vermeiden. Die Reaktion der dänischen Bevölkerung und insbesondere des Widerstandes auf die bereits angekündigte Judenverfolgung verifizierte diese Annahme. Die Distanzierung durch eindeutige Handlungsweise rettete den Juden das Leben. Dennoch mußten 48 dänische Juden im Konzentrationslager Theresienstadt ihr Leben lassen.

Voraussetzung für den Erfolg dieses vorbildlichen Verhaltens war: 1. Ein aufnahmebereites Gastland, 2. die unauffällige Fluchtmöglichkeit, 3. aktive Unterstützung aus der Bevölkerung. Das glückliche Zusammentreffen all dieser Gegebenheiten ließ das Unternehmen zu einem Erfolg werden. Dieses historische Beispiel zeigt, daß immer wichtig war, mutig den Ausweg zu suchen. Das gilt für alle bedrohte Minderheiten. Hätten die Juden Dänemarks und ihre Helfer in Untätigkeit verharrt, wären sie verloren gewesen.

15. Kapitel

## *GEZIELT GEGEN DEN RASSISMUS: DER NOBELPREIS FÜR VÖLKERFRIEDEN*

# GEZIELT GEGEN DEN RASSISMUS: DER NOBELPREIS FÜR VÖLKERFRIEDEN

Der mit wenigen Ausnahmen alljährlich verliehene Nobelpreis für Völkerfrieden stellt nach dem Vermächtnis von Alfred Nobel einen hohen Anspruch an seinen Träger. Es soll derjenige geehrt werden, der im verflossenen Jahr der Menschheit den größten Nutzen geleistet hat. Träger sind häufig politische Größen, wie der kürzlich verstorbene Willy Brandt, Henry Kissinger oder auch einmal zwei Personen wie Menachem Begin und Anwar es Sadat (1978) oder aber eine Institution, wie das Internationale Rote Kreuz (1944). Am 10. Dezember 1992 wurde eine Persönlichkeit geehrt, die unter Einsatz des eigenen Lebens die Menschenrechte in ihrem Land seit Jahren verteidigt: Rigoberta Menchu Tum.

Nach offizieller Auskunft des Nobelkomitees in Oslo wurde die Dreiunddreißigjährige für diesen Einsatz zugunsten der Rechte der Ureinwohner geehrt, als lebendiges Symbol für Frieden und Versöhnung über gesellschaftliche, kulturelle und ethnische Grenzen hinweg in ihrem eigenen Land, auf dem amerikanischen Kontinent und in der Welt. Tragisch ist die Lebensgeschichte der jungen Frau. Menchu Tum, Nachfahrin der Maya-Quiche-Ureinwohner Guatemalas wuchs in der Provinz Quiche im Nordwesten des Landes auf, als Kind armer Bauern. Zu einer Zeit, als die Guerillakämpfe im Lande sowie in vielen weiteren Ländern Lateinamerikas einen Höhepunkt erreicht hatten, Anfang der achtziger Jahre, als ganze Dörfer von der Guerilla erobert wurden und bei der Rückeroberung durch die Armee erneut verwüstet, Kollaborateure gefoltert und auf übelste Weise getötet wurden, traf es auch die Familie der Nobelpreisträgerin. Den

Vater verbrannten Sicherheitskräfte zusammen mit achtunddreißig Besetzern der spanischen Botschaft. Auch ihr Bruder starb keines natürlichen Todes: er wurde hingerichtet. Nach einer Entführung und Folterungen fand man die Leiche ihrer ermordeten Mutter. Die tapfere Frau vertrat daraufhin die guatemaltekische Opposition aus dem mexikanischen Exil-sie emigrierte angesichts der Verfolgung nach Mexiko- vor der UNO-Menschenrechtskomission.

Nicht nur die Nobelpreisträgerin, sondern auch ihre Heimat Guatemala steht stellvertretend für den harten Existenzkampf dem ethnisch Unterprivilegierte in einem Entwicklungsland ausgesetzt sein können. Dabei ist Guatemala das Land Mittelamerikas, in dem sich viele Probleme besonders deutlich konzentrieren. Von den neun Millionen Einwohnern dieses hauptsächlich landwirtschaftlich geprägten Landes sind über 45% Indianer, meist Maya-Quiche, wie die Nobelpreisträgerin, mehr als 40% Mestizen und nur etwa 5% Weiße, die überwiegend in den Städten leben. Fast die Hälfte der Bevölkerung besteht aus Analphabeten und neben der spanischen Amtssprache existieren noch 23 indianische Dialekte.

Äußerst ungleich ist die Verteilung des Besitzstandes im wichtigen Bereich der Landwirtschaft. Zwei Prozent der Fincas besitzen 65% des bebaubaren Bodens, während sich 90% der Landbesitzer 20% des Bodens teilen müssen. Diese Minifundisten, welche im Durchschnitt 1ha Land bewirtschaften, auf das sie meist keinen rechtlichen Anspruch haben, stellen das Gros der Saisonarbeiter im Bereich der Zuckerrohr und Kaffeeplantagen. Die Indios stellen 99% dieser Minifundisten. Extreme soziale Gegensätze und viel Armut und Elend sind aber nicht nur Folge derartiger Besitzverhältnisse. Auch der jahrzehntelange Bürgerkrieg, zusätzlich angeheizt durch die im Fahrwasser des Ost-West-Gegensatzes erfolgte Indoktrinierung und die erfolgten Waffenlieferungen schwächte das Land. Naturkatastrophen, wie das verheerende Erdbeben 1976 mit über 25000 Toten und rund 76000 Verletzten taten ein Übriges. Äußerst deprimierend für die in der Mehrzahl betroffene indianische Bevölkerung, deren mit Lehmziegeln gedeckten Hütten zusammengebrochen waren stellte sich heraus, daß die herbeigeschaffte internationale Hilfe, Lebensmittel, Zelte u.a. schwarz verkauft worden war. Wen wundert es, daß die Guerillabewegung Guatemalas, die zwischen 1962 und 1969 eine der stärksten auf dem Kontinent war, Anfang der siebziger Jahre völlig zerschlagen worden war, wideraufflammte und bis heute fortwirkt, über das Ende des kalten Krieges hinaus.

Gegen die Guerilla kämpft die Armee, in der wieder die Indios einen beachtlichen Teil ausmachen, oft gegen ihren Willen. Dabei sind die Rekrutierungsmaßnahmen anachronistisch. Es gibt in Guatemala eine äußerst fragwürdige Institution, was das Verhältnis Militär gegenüber Zivil anbelangt: den Militärbeauftragten. Jede noch so kleine Gemeinde verfügt über einen solchen Vertreter der Armee, dessen Aufgabe die Aushebung von Rekruten ist. Bei diesem Vorgang werden Methoden angewendet, die an das Europa vor der Militärreform Friedrichs des Großen erinnern: die Zwangsrekrutierung. An besonderen Tagen, insbesondere Festtagen, an denen viele Jugendliche zusammenkommen wird auf diese eine wahre Jagd veranstaltet. Die so "ausgehobenen" Jugendlichen werden in die Kaserne gebracht und verbleiben dort als Soldaten. Aus in dieser Form rekrutierten Indianern werden Kampfeinheiten gegen die Guerilla zusammengestellt. Scheidet ein solcher aus der Armee aus bleibt ihm, da es in seinem ehemaligen Heimatdorf kaum genug für die Daheimgebliebenen zur Ernährung gibt, nur der Weg in die Elendsviertel der Städte oder aber und dies scheint auf den ersten Blick paradox, der Weg in die Guerilla. Hier werden verhängnisvolle Teufelskreise offenbar. Die Landguerilla EGP (Guerillaarmee der Armen), die in der Bevölkerung über keinen besonder großen Rückhalt verfügt, konnte sich über Nachwuchsmangel auch zu Beginn der 90er Jahre nicht beklagen.

Der UN-Menschenrechtsexperte für Guatemala Hector Gros Espiell, ein Kenner der Situation in den vergangenen Jahren weist in einem Situationsbericht darauf hin, daß die Indiobevölkerung traditionell diskriminiert wurde und ohne wirkliche Teilnahme am Leben des Landes am Rande der Gesellschaft lebt. Die mangelhafte Erziehungs-und Wohnraumsituation, geringe Lebenserwartung bezeichnet er als Facetten desselben Problems, der faktischen Ungleichheit, in der sich die Indiobevölkerung Guatemalas befindet, ähnlich anderer ethnischer Bevölkerungsgruppen in ganz Lateinamerika. Dem stimmt auch die guatemaltekische Bischofskonferenz zu, die konstatiert, daß die Bauern zunehmend ein größeres Bewußtsein ihrer Rechte und eigener Würde entwickeln trotz der brutalen Repression, der sie unterliegen. Nach Gros Espiell sind es die vielen Morde und Entführungen, die besonders verunsichernd in der Gesellschaft wirken. Die Fälle des Verschwindens sind dabei meist von kurzer Dauer. Nach wenigen Tagen werden die Opfer tot aufgefunden, zumeist mit Folterspuren. Verantwortlich für die Greueltaten sind zumeist die Todesschwadronen, welche mißliebige Personen auf diese Weise aus dem Weg räumen. Demgegenüber streitet eine seit 1976 verstärkt operierende Guerilla gegen die Streitkräfte. Schon 1977 reagierte die US-Regierung auf die anhaltenden Massaker in Indio-Gemeinden mit der Sperrung von Militärhilfen. Erfolg war der Regierung Carter allerdings nicht beschieden. Massaker zwangen immer mehr Indios in die Berge zu flüchten und die Guerilla nahm dies zum Anlaß sich zu Beginn der achtziger Jahre neu zu organisieren. Aus mehreren Organisationen EGP, ORPA, FAR und PGT wurde die Vereinigung der nationalen Revolution (URNG) in Guatemala im Jahre 1982. Die Generale Lucas Garcia und Rios Montt ließen zahlreiche weitere Massaker durchführen, in denen zehntausende Indianer ihr Leben ließen, bevor 1985 zum ersten Mal eine frei gewählte Regierung ans Ruder gelangte. Vinicio Cerezo, einer der seit Jahren unter starkem Verfolgungsdruck lebenden Christdemokraten kam legal an die Macht aber mit nur wenig Handlungsspielraum gegenüber den Militärs. Eine Ahndung von Menschenrechtsverletzungen hatte kaum Aussicht auf Erfolg.

Als weiteren Grund für Verschlechterungen im Bereich der Menschenrechtslage spricht der UN-Experte Faktoren an, die mit dem Verkauf und dem Konsum von Drogen in Verbindung stehen. Der Drogenhandel, Infiltrierung der Drogenhändler, ihre Verbindungen zur Kriminalität und ansteigende Korruption wirken sich negativ aus. Auch die Guerilla nimmt er von der Verletzung der Menschenrechte nicht aus, angesichts eines demokratischen Staates, der in seinem Pluralismus die freie Entfaltung der politischen Verschiedenheit in legetimer Form gewährleistet.

So hat auch der anno 1991 frei gewählte guatemaltekische Präsident Jorge Serrano sein Amt mit klarem Bekenntnis zur Achtung der Menschenrechte angetreten. Dennoch hörten Mord, Massaker und sonstige Menschenrechtsverletzungen nicht auf sodaß der Bonner Völkerrechtler und UN-Sonderbeobachter für Menschenrechte Christian Tomuschat Guatemala in einer Sackgasse wähnt.-

Noch immer sind Menschenrechtsaktivisten, die Mißstände aufdecken und anprangern in Lebensgefahr. Dies gilt nicht nur für Guatemala. Führende Menschenrechtler wurden in den vergangenen Jahren in El Salvador, Guatemala und Kolumbien ermordet sowie in Uganda, Algerien und anderen Ländern inhaftiert. Die Arbeit lokaler und internationaler Menschenrechtsorganisationen wird erschwert durch Drohungen, Festnahmen und Folterungen. Auch für die Arbeit dieser Menschen bedeutet die richtungweisende Vergabe des Nobelpreises viel.

Richtungweisend aber auch, daß 1993 eine große Zahl geflüchteter Guatemalteken, insbesondere "indigenas", ihren Weg aus dem Exil ins Land zurückgefunden haben. Dies geschah ungeachtet der Tatsache, daß im Frühjahr 93 Serrano sich zum Diktator ernannte und eine breite Opposition unter der Anleitung und Mitwirkung von Frau Menchu den Rücktritt Serranos und die Beibehaltung demokratischer Verhältnisse veranlaßte.

# Schlußwort

Beginnt die Zeit der Kreuzzüge wieder? Bei der Frage, wofür es heute den militärischen Einsatz noch lohnt, stößt man auf unterschiedliche Antworten, die sich zum Teil durchaus an Fallbeispiele anlehnen lassen. Man wird letztendlich im Einzelfall prüfen und den Einsatz verschiedener Mittel abwägen müssen, je nach der Schwere der Vorfälle. Deutlich muß allerdings sein, daß der Waffengang das letzte aller denkbaren Mittel nach Ausschöpfung sämtlicher anderer Möglichkeiten bleibt. Die Hintenanstellung dieser Option sollte garantieren, daß die Zeit der Kreuzzüge aus welchen Gründen auch immer keine Renaissance feiern wird. Die Menschen in anderen Regionen der Welt tragen einen großen Teil Eigenverantwortung für die politischen Zustände in ihrer Umgebung, trotz aller Dependenzen.

Wenn sich die Weltgemeinschaft allerdings auf eine Art Sicherheitssystem einigt, so muß ein Katalog erstellt und beschlossen werden und eine verbindliche Schiedsstelle eingerichtet werden. Diese Schiedsstelle wäre dann in die Lage zu versetzen, Sanktionen zu verhängen, an denen auch Deutschland im Rahmen der Subsidiarität teilnehmen können sollte. Dies erfordert sein Platz in der Weltgemeinschaft, auch wenn Deutschland zunächst einmal europäisches Land ist. Gemeinsame europäische Politik führt Deutschland zur Selbstverwirklichung, auch außen- und sicherheitspolitisch. Die NATO erleichtert als Instrument und Stabilitätsanker die Koordination mit den USA und Kanada.

Wie läßt sich der Sicherheitsbegriff erweitern?
Eine erweiterte Sicherheit ergibt sich aus der veränderten politischen Lage, in der sich Deutschland seit 1990 befindet und aus seiner veränderten Stellung im internationalen Kontext. Die in dieser Studie angesprochenen Situationen und Probleme geben manchen Hinweis darauf, was international zu überdenken ist und zu Diskussionen führt. Insbesondere lassen sich Begriffe excerpieren, die für eine Neuordnung dienlich sind. Genaugenommen sind es zumeist Begriffspaare, die zugleich ein Spannungsverhältnis beinhalten.

Diktatur-Demokratie (verteidigen)
Aggression-Abschreckung-Aggression darf sich nicht auszahlen
Planwirtschaft-freie Marktwirtschaft (schützen)
Umwelt (schützen)
Kollaboration-Widerstand (leisten)
Rassismus/Antisemitismus-Minderheitenschutz (aktivieren)
Kolonialismus-Verantwortung (tragen)
Drogen (bekämpfen)
Medienzensur-freie Medien (sichern)

Festzuhalten bleibt, daß die Weltgemeinschaft zur Zeit weder konzeptionell noch instrumentell oder institutionell auf eine konstruktive Konflikeinmischung eingerichtet ist. Dennoch finden Versuche statt, wie z.B. in Somalia. Zeit wird es daher für eine Fixierung der Kriterien.

*Anmerkungen und Literatur*

Kapitel 1:

Carmelo Mesa-Lago (ed.): Revolutionary change in Cuba, Pittsburg 1971
Berger Herbert, Gabriel Leo (Hg.): Alternativen zum Neoliberalismus in Lateinamerika, Wien 1992
Landeszentrale für politische Bildung Baden-Württemberg (Hg.): Lateinamerika, Stuttgart 1982

Kapitel 3:

Presse- und Informationsamt der Bundesregierung, Umwelt und Entwicklung, Ausgabe: August/September 1992
Deutsches Allgemeines Sonntagsblatt Nr. 24 v. 12.06.1992
Bundeszentrale für politische Bildung, Informationen zur politischen Bildung 219, "Umwelt"
Bundesminister für Umwelt Naturschutz und Reaktorsicherheit, Bericht der Bundesregierung über die Konferenz der UN für Umwelt und Entwicklung im Juni 1992 in Rio de Janeiro
Der Bundesumweltminister, Verminderung der energiebedingten $CO_2$ Emissionen in der Bundesrepublik Deutschland, Bonn 1992
Bundesumweltminister, Umweltschutz in Deutschland, Bonn 1992
Bundesumweltministerium, Konferenz der Vereinten Nationen für Umwelt und Entwicklung im Juni 1992 in Rio de Janeiro-Dokumente-

Kapitel 5

1) Laurio H. Destefani, Malwinen, Süd-Georgien und Süd-Sandwich-Inseln, Buenos Aires 1982.
2) Bonner General-Anzeiger vom 10.9.1987.
3) vgl. I. Ossendorff, Der Falkland-Malwinen-Konflikt 1982 und seine Resonanz in der nationalen Presse. Eine Studie über Feindbilder in der Regierungskommunikation, Frankfurt/M. 1987.
4) Inscription Francaise, février 1764, abgedruckt in: H. Weber, "Falkland Islands" oder "Malvinas"?, Frankfurt/M. 1977, S.166 f.; I.C. Moreno, Nuestras Malvinas, Buenos Aires 1955, S.20 f.
5) Foreign and Commonwealth Office, The Falkland Islands. The Facts a.a.O., S.3.

6) Spanischer Originaltext: de Martens, Receuil des Traités, 1 éd., Suppl. I, S.372.
7) Stärkste Kolonialmacht in Europa zur angegebenen Zeit. Seit der Entkolonialisierung und der Etablierung der beiden Supermächte USA und UdSSR stellt Großbritannien lediglich noch eine europäische Mittelmacht dar.
8) Durch die Reichtümer der Neuen Welt.
9) I. Goebel, a.a.O., S.228.
10) Zum Streit vgl. den britischen Standpunkt zu: The Falklands War, London 1982, S 33 f., argentinischer Standpunkt in: L. Destefani, Malwinen, Süd-Georgien und Süd-Sandwich-Inseln, Buenos Aires 1982, S.37 ff.- Entdecker der für Spanien fahrende Gomez 1520.- M. De Estrada, Una Verdad Sobre Las Malvinas, Buenos Aires 1982, S.2.
11) John Davis mit seinem Schiff "Desire" ist auch nach Auffassung der "Times" Entdecker. Vgl. "The Times" vom 15.4.1982.
12) Text in: G.F. de Martens, Recueil des Traites II, S.3 f.
13) J.C.J. Metford, International Affaires 1968, Vol. 44, S.468.
14) Dieser Geheimvertrag ist umstritten. Goebel (a.a.O., S.363) und Konetzke (in: Historia Mundi 8, 1959, S.322 f.) z.B. bejahen dessen Existenz, die entgegengesetzte Ansicht bei: Encyclopedia Britannica, Vol. 9, 1959, "Falkland Islands", und J.C.J. Metford, a.a.O., S.468.
15) L. Destefani, a.a.O., S.75 f.
16) Vgl. J. Goebel, a.a.O., S.441 ff.
17) Vgl. A. Alonso Pineiro, Libro azul y blanco de las Islas Malvinas. In: Coleccio Documentos de Historia, Buenos Aires 1982, Dokumente abgedruckt: S.11-23.- J. Goebel, a.a.O., S.445 J.C. Moreno: Nuestras Malvinas, a.a.O., S, 27f.
18) Vgl. A. Alonso Pineiro, a.a.O., S.25 f.- Die Briten betrachten ihre Souveränität 1833 als wiedererrichtet. Vgl. auch Assembly of Western European Union, Document 907: The Falkland crises, S.7.

19) J. Arce, Las Malvinas, S.108 ff.
20) Vgl. J. Goebel, a.a.O., S.462.
21) Das Kräfteverhältnis hat inmer eine wesentliche Rolle in diesem Konflikt gespielt. Vgl. P.J. Beck, The Anglo-Argentine Dispute over title to the Falkland Islands: Changing British Perceptions on

Sovereignity since 1910. In: Millenium: Journal of International Studies, Vol. 12, Nr. 1, 1983, S.21.
22) H.S. Ferns, Britain and Argentina in the nineteenth century, Oxford 1960, S.2, Zur argentinischen Entwicklung "The development of Argentina as a factor of British business enterprise is a phenomenon of the nineteenth century: a factor in its industrial and commercial expansion and in the improvement of British real income."
23) D.h. vor der argentinischen Küste.
25) Insight Team, The Falkland War, a.a.0., S.41.
26) Die Peronisten erkannten in den 50er Jahren die Wirksamkeit des Themas, um die Gefolgschaft der Massen zu erreichen. Vgl. J.C.J. Metford, Falklands or Malvinas? The Background to the Dispute. In: J. Goebel, a.a.O., S.IX.
27) UN-Res. A/2065 vom 4.1.1966, abgedruckt in H. Weber, Falkland Islands oder Malvinas, Frankfurt/M. 1977, S.178.
28) Insight Team, The Falklands War, a.a.O., S, 45 f., M. Deas, Großbritannien;Viele offene Fragen, a.a. O., S.690.
29) Vgl.: Britische Ungereimtheiten in der Falkland-Krise. In: Neue Zürcher Zeitung vom 24.4.1982, S.3.
30) Bereits am 21.4.1975 deutete sich der argentinische Wille zu einer militärischen Lösung an, indem "La Nacion" auf die "Notwendigkeit, die Malwinen zu besetzen", hinweist. Siehe: "La Nacion" vom 21.4.1975.
31) H. Foulkes, Las Malvinas, Buenos Aires 1982, S.80 f.
32) Zur Pressekampagne in den Jahren 1974/75/76 vgl. J. Santa-Pinter, Islas Malvinas or Falkland Islands, m.w.N., S.37-52. Zur Eskalation 1977: Während Hickley auf die sprachliche, historische und kulturelle Distanz der Inselbewohner zu Argentinien hinweist und eine Unterordnung unter eine halbfaschistische argentinische Regierung ablehnt, vertritt Bertram die Auffassung, daß Kooperation bei der Ausbeutung der Ressourcen und ein Kondominium im politischen Bereich eine adäquate Lösung darstellt. Vgl. J. Hickley, a.a.O., S.88; G.Cl. Bertram, a.a.O., S.284 f.- Eine Entwicklung ohne argentinische Hilfe kann sich Johnson vorstellen. Vgl. R. Johnson, The future of the Falkland Islands, in: the World Today, London 1977, S.230 f. Unter Bezugnahme auf das Treffen von Lima: Res.31/49 de la Asamblea General, Nueva York, 1° de diciembre de 1976, abgedr. in: A. Alonso Pineiro, a.a.O., S.66.

33) Vgl. H. Brill, Der Falkland-Malvinas-Konflikt, in Europäische Wehrkunde 1, 1983, S.31; M. Deas, Großbritannien: Viele offene Fragen, a.a.O., S.691.
34) Insight Team, The Falklands War, a.a.O., S.55; L. Freedman, Britische Verteidigungspolitik nach dem Falkland-Krieg, a.a.O., S.500. Diese Entscheidung vom Juni 1981 wurde vom Außenministerium kritisiert, welches eine Mißdeutung in Argentinien befürchtete. Vgl. L. Freedman, The war of the Falkland Islands, 1982, in: Foreign Affairs 1982, S.198.
35) Vgl. H.J. Koschwitz, Der Falklandkrieg als Medienereignis. In: Publizistik, Vierteljahreshefte für Kommunikationsforschung, H. 1, 28. Jg., 1983, S.70; Insight Team: The Falkland War, a.a.O., S.27.
36) Siehe: Beitrag in "La Prensa" vom 24.1.1982: "Augenblick der Invasion". Vgl. auch G.A.Mahin, Argentine approaches to the Falkland/Malvinas. Was the resort of violence forseeable? In: International Affairs, Vol. 9, 1983, S.391-403.
37) Lediglich "HMS Endurance" patrouillierte nach Süd-Georgien.
38) Streitkräfte 84/85, Die "Military Balance" des Internationalen Instituts für Strategische Studien, London/Koblenz 1985, S.300 ff.
41) Vgl. J. Stingl in: Süddeutsche Zeitung vom 24./25.4.1982 (J. Stingl war zur Zeit des Vorschlages Präsident der Bundesanstalt für Arbeit und Vorsitzender des Internationalen Instituts für Nationalitätenrechte und Regionalismus).
42) Die gegensätzliche Auffassung von Chehabi ist nicht stichhaltig, Vgl. H.E. Chehabi, Die Falkland-Affäre ein Einzelfall ?, a.a.O., S 34.
43) B. Hillenkamps, Der Streit um die Falklandinseln, a.a.O., S.206.

## Kapitel 7:

1) 01.08.1989 siehe Europa Archiv, Folge 17 Z 151.
2) KAS Auslandsinformationen 11/1990 S.1.
3) Institut für Iberoamerikakunde: Lateinamerika, Analysen. Daten und Dokumentation; Hamburg, 1/1984 S.27f.
4) Reiner Gatermann in: Die Welt vom 02.04.1987.

## Kapitel 8

1) Vgl.Johann Diefenbach:Der Hexenwahn in Deutschland, Mainz 1986.

2) Folgen siehe:Alexander Solzhenitsyn:The Gulag Archipelago, Glasgow 1974.
3) Vgl. Eugen Kogon:Der SS-Staat,München 1974.
4) Vgl.Karl Raimund Popper:Die offene Gesellschaft und ihre Feinde,Bd.1,München 1975.
5) Vgl.Henri Bergson:Les deux sources de la Morale et de la Religion, in:ders.:Oevres, Paris 1963,S.1201 f.
6) Karl Raimund Popper:a.a.0., 233:"Gesellschaftsordnung,in der sich die Individuen persönlichen Entscheidungen gegenüber stehen."
7) Vgl.Manfred Funke:Extremismus und politische Kultur-Die Selbstgefährdung der offenen Gesellschaft.In:Extremismus und Kultur, Gummersbach 1979,S.9f.
8) Vgl. Karl Raimund Popper:a.a.O.,S.253 f.
9) siehe:Platon:Apologie,Erste Rede 28 E.In:Klaus Hildebrandt (Hrsg.):Platon,Apologie/Kriton, Stuttgart 1972.
10) Manfred Funke:a.a.0.,S.,.9f.
11) Vgl.Karl Raimund Popper:Die öffentliche Meinung im Licht der Grundsätze des Liberalismus.In: ORDO,Jahrbuch für die Ordnung von Wirtschaft und Gesellschaft,Bd.VIII,1956,S.16f.
12) dazu:Karl Raimund Popper:Falsifiability and Freedom. in: Fons Elders:Reflexive Waters, London 1974,S.127.
13) La Prensa vom 27.6.1982.
14) Die Welt vom 7.5.1982 kommentiert,daß sich die argentinischen Zeitungen stramm auf dem Kurs der Militärführung befinden.
15) La Prensa vom 27.6.1982.
16) ebenda.
17) Das Verteidigungsministerium:Die Falklands-Kampagne.Eine Bilanz,London 1982,S.30 f. Über Fehlinformationen und ihre schädlichen Auswirkungen beklagt sich "La Prensa"in der Ausgabe vom 15.5.1982.

Kapitel 11

1) siehe: P. Servant,Die politischen Säuberungen in Westeuropa am Ende des Zweiten Weltkrieges in Deutschland, Österreich,Belgien, Dänemark, Frankreich, Großbritannien, Italien, Luxemburg, Norwegen, der Niederlande und der Schweiz.Oldenburg 1966.

2) Schon L.de Jong stellte sich diese Frage in seinem Vortrag vom 24.5.1956.Abgedruckt in A.Hillgruber,Probleme des Zweiten Weltkrieges. Köln, Berlin 1967, S.245 ff.
3) W.Herdeg,Grundzüge der deutschen Besatzungsverwaltung in den west-und nordeuropäischen Ländern während des Zweiten Weltkrieges.Tübingen 1953,S.140 ff.
4) I.Svitak,The Csechoslovak Experiment 1968-1969. New York and London 1971,S.162.
5) Poch,In:J.Haestrup,Die dänisch-deutschen Beziehungen von 1933-1945.Internationales Jahrbuch Geschichtsunterricht 8,1961/62, S.206f.

## Kapitel 9

1) siehe: I. Ossendorff: Dänemark im Weltkrieg II, Frankfurt/M., Bern 1990,S.114 ff.
2) R. Eckert: Die politische Struktur der dänischen Widerstandsbewegung im zweiten Weltkrieg, Zürich/ Hamburg 1969, S.10.
3) Vgl. J. Haestrup: Secret Alliance, A study of the Danish Resistance Movement 1940-1945, Odense 1976/77, Bd. 2, S.94.
4) Vgl. ebd., S.95.
5) Vgl. ebd., S.96.
6) Vgl. ebd., S.287.
7) Vgl. A. Toynbee: The War and the Neutrals; London 1956, S.194.
8) Vgl. J. Dose: Skandinavien, Hannover 1970, S.27.
9) Vgl. Haestrup: Secret Alliance, a.a.O., Bd. 1,S.44.
10) Vgl. B. Outze: Denmark during the German Occupation: Copenhagen 1946, S.81.
11) Speech in the House of Commons, 13 May 1940, zit.nach Haestrup: Secret Alliance, a.a.O., Bd. 1,S.45.
12) Ebd., S.46.
13) Vgl. ebd., S.71.
14) Ebd., S.80.
15) Vgl. Haestrup: Secret Alliance, a.a.O., Bd. 1, S.120.
16) Vgl. ebd., S.124.
17) oder auch "Special Forces" abgekürzt; vgl ebd., Bd. 2, S.71.
18) Vgl. P. Kluke: politische Form und Außenpolitik des Nationalsozialismus in Geschichte und Gegenwartsbewußtsein,

Festschrift für Hans Rothenfels zum 70. Geburtstag Göttingen 1963, S.458.
19) Statistik über Sabotage und Rolle des britischen Materials, aus Haestrup: Secret Alliance, a.a.O., Bd. 1, S.254.
20) Vgl. Outze, a.a.O.,S. 82.
21) Vgl. Outze, a.a.O., S.85.
22) Vgl. Haestrup: Secret Alliance, a.a.O., Bd. 2,S.220.
23) Vgl. ebd., S.230.
24) Vgl. ebd., S.242.
25) Vgl. A. Jensen: Wie Dänemark besetzt und wie esbefreit wurde, in: Deutsche Außenpolitik 1965, S.669.

## Kapitel 10

1) Vgl. S.Haffner, Der neue Krieg, in: Mao Tse-Tung: Theorie des Guerillakrieges oder Strategie der Dritten Welt, Hamburg 1966,S.28.
2) Vgl. R. Eckert, Die politische Strukturder dänischen Widerstandsbewegung im zweiten Weltkrieg, Zürich 1966, S.10 ff.
3) Vgl. E.-S. Hansen, Disteln am Wege, Bielefeld 1950, S.40 (Eisenbahnsabotage). Siehe auch A. Trommer, Modstandskampen, Orientering,Bd. 2, Kobenhavn 1964, S.19 (Wirtschaftssabotage).
4) Vgl. Th. Ebert, Wehrpolitik ohne Waffen, in: Beiträge zur Konfliktforschung 2 (1972),S.7.
5) Vgl. Th. Ebert, Soziale Verteidigung. Einseitige Abrüstung und gewaltfreier Widerstand in der wehrhaften Demokratie, in: Peter Look (Hg.): Frieden als Gegenstand von Wissenschaft. Hamburger Vorträge zur Friedensforschung, 1. Folge, Frankfurt a. M. 1982, S.146.
6) Vgl. R. Eckert, Die politische Struktur der dänischen Widerstandsbewegung im zweiten Weltkrieg, a.a.O., S.11.
7) Vgl. R. Eckert, Die politische Struktur der dänischen Widerstandsbewegung im zweiten Weltkrieg, a.a.O., S.344; B. Outze, Denmark During the German Occupation, Cophenhagen/London/Chicago 1946, S.65; A. Jensen, Wie Dänemark besetzt und wie es befreit wurde, in: Deutsche Außenpolitik 1965, S.664- 670.
8) Vgl. Th. Ebert, Soziale Verteidigung, in: Look, a.a.O., S.147.
9) Wegen der zahlreichen Zugeständnisse an den Okkupanten (evtl. auch Anpassungspolitik).

10) Vgl. Th. Ebert, Soziale Verteidigung, in:Look, a.a.O., S.143.
11) Vgl. Th. Ebert, Verteidigung ohne Drohung, Praxeologien der gradualistischen Abrüstung und gewaltfreien Verteidigung, in: Jahrbuch für Friedens- und Konfliktforschung, Bd. 1: Bedrohungsvorstellungen als Faktor der internationalen Politik, Düsseldorf 1971, S.231.
12) Vgl. W. Herdeg, Grundzüge der deutschen Besatzungsverwaltung in den west- und nordeuropäischen Ländern während des zweiten Weltkrieges. Tübingen 1953, S.140.
13) Vgl. Th. Ebert, Verteidigung ohne Drohung, a.a.O., S.234.
14) Vgl. Th. Ebert, Soziale Verteidigung, in Look, a.a.O., S.147.
15) Vgl. B. Outze, Denmark During the German Occupation, a.a.O., S.47; A. Jensen, Wie Dänemark besetzt und wie es befreit wurde, a.a.O., S.669; J. Haestrup, Secret Alliance. A Study of the Danish Resistance Movement 1940 bis 1945, Bd. 2, Odense 1976/77, S. 46.
16) Vgl. Th. Ebert, Soziale Verteidigung, Waldkirch 1981, Bd. 1, S.113.
17) G. Moritz, Gerichtsbarkeit in den von Deutschland besetzten Gebieten von 1939 bis 1945, Tübingen 1955, S.174 f.
18) Vgl. W. D. Andersen, The German armed Forces in Denmark 1940-1943. A study in occupation policy, University of Kansas 1972, S.113.

19) Vgl. G. Sharp, The Technique of Non-violent Action, in: A. Roberts (Hg.): The Strategie of Civilian Defense, London 1967, S.87.
20) Vgl. D. Littlejohn, The Patriotic Traitors. A History of Collaboration in German Occupied Europe 1940/45, London 1972, S.55 f.
21) Später: SS-Übungsbataillon Schalburg, vgl. weiter: D. Littlejohn, a.a.O., S.80.
22) Vgl. Konzeption Ebert: Wehrpolitik ohne Waffen, a.a.O., S.13.
23) Vgl. ebd.
24) Vgl. E. Thomsen, Deutsche Besatzungspolitik in Dänemark 1940-1945, Düsseldorf 1971, S.54.
25) Vgl. Th. Ebert, Wehrpolitik ohne Waffen, a.a.O., S.13 f.
26) Vgl. E. Thomsen, Deutsche Besatzungspolitik in Dänemark 1940-1945, a.a.O., S.204 f.
27) Vgl. Th. Ebert, Wehrpolitik ohne Waffen, a.a.O., S.18.
28) Vgl. O. Lampe, The Savage Canary. The story of resistance in Denmark, London 1957, S.136.
29) Vgl. Th. Ebert, Wehrpolitik ohne Waffen, a.a.O., S.18.

30) Vgl. D. Lampe, The Savage Canary. The story of resistance in Denmark, a.a.O., S.136.
31) Vgl. G. Leistikov,Denmark under the Nazi Heel, in: Foreign Affairs 1942, S.340- 353.
32) Vgl. K. Secher, Kampf ohne Waffen. Dänemark unter deutscher Besetzung, Zürich 1945, S.71 f.
33) Vgl Th. Ebert, Soziale Verteidigung, a.a.O., S.43.
34) Vgl. H.-D. Look, Nordeuropa zwischen Außenpolitik und "großgermanischer" Innenpolitik, in: Hitler, Deutschland und die Mächte, hg. von M. Funke, Düsseldorf 1976, S.696.
35) Vgl. H.-D. Look, Nordeuropa zwischen Außenpolitik und "großgermanischer" Innenpolitik, a.a.O., S.696.
36) Vgl. K. D. Schemme, Die Festnahme und die Deportation der dänischen Juden. Eine Dokumentation, in: P. Kluke zum 60. Geburtstag dargebracht, Frankfurt a. M. 1968, S.199- 211.
37) Vgl. K. Hildebrand, Innenpolitische Antriebskräfte der nationalsozialistischen Außenpolitik, in: Nationalsozialistische Außenpolitik, hg. von W. Michalka, Darmstadt 1978, S. 193 et passim.
38) Wie es Ebert vorschlägt.
39) Vgl. I. Ossendorff, Die Armee, die nicht kämpfen konnte, in: Europäische Wehrkunde/Wehrwissenschaftliche Rundschau 4 (1985).
40) Vgl. Th. Ebert, Wehrpolitik ohne Waffen, a.a.O., S.15.
41) Vgl. Th. Ebert, Soziale Verteidigung, a.a.O., Bd. 1, S.147.
42) Wurde aber von den Aliierten nicht voll anerkannt.
43) Vgl. Th. Ebert, Verteidigung ohne Drohung, a.a.O., S.235.
44) Abschreckungswirkung.
45) O. v. Bismarck, Gedanken und Erinnerungen, Bd. 2, Berlin 1913, S.296.
46) H.Afheldt, Defensive Verteidigung, Reinbek 1983.
47) C.F.v. Weizsäcker (Hg.), Die Praxis der defensivenVerteidigung, Hameln 1984.

Kapitel 12

1) Waldemar Besson, Die Außenpolitik der Bundesrepublik Deutschland, München 1970, S. 78.
2) vgl. Fritz Rene Allemann, Bonn ist nicht Weimar, Köln-Berlin 1956, S. 135 f.

3) Grewe, Wilhelm, Spiel der Kräfte in der Weltpolitik, Düsseldorf 1970, S. 300.
4) Grewe, Wilhelm, Spiel der Kräfte in der Weltpolitik, Düsseldorf 1970, S. 303.
5) Sethe,Paul, Zwischen Bonn und Moskau, Limburg 1956, S. 66 Im Erg. übereinstimmend Besson, Die Außenpolitik der Bundesrepublik, München 1970, S.129.
6) vgl. Schwarzkopf, Dietrich,/von Wrangel, Olaf, Chancen für Deutschland, Hamburg 1965, S. 17.
7) Besson, Waldemar, Die Außenpolitik der Bundesrepublik,München 1970, S. 87.
8) ebenda, S. 90.
9) Schwarz, Hans P.,Adenauer. Der Aufstieg 1875-1952,a.a.O,S. 906 ff.
10) siehe: Drechsler, Hanno (Hg) Gesellschaft und Staat, Baden Baden 1989,S.310.
11) Nerlich, Uwe, in Kaiser/Schwarz, Amerika und Westeuropa, Stuttgart 1977, S. 339.
12) ebenda, S. 341.
13) vgl. auch Noack, Paul, Deutsche Außenpolitik seit 1945, Stuttgart 1972, S. 108.
14) Genscher, Hans-Dietrich, Deutsche Außenpolitik, Bonn 1977, S. 21.
15) Bundesministerium für wirtschaftliche Zus. arbeit, Journalistenhandbuch, Entwicklungspolitik, Bonn 1979, S. 143.
16) Deutscher Bundestag, Drucksache 8/2313, 23.11.1978, S. 35.
17) Genscher, Hans-Dietrich, Deutsche Außenpolitik, Bonn 1977, (Rede vor der Jahresversammlung der deutschen Gesellschaft für Auswärtige Politik 1976), S. 170.
18) Auswärtiges Amt, Die Auswärtige Politik der Bundesrepublik Deutschland, Köln 1972, S. 94.
19) Auswärtiges Amt, Die Auswärtige Politik der Bundesrepublik Deutschland, Köln 1972, S. 98.
20) ebenda, S. 98. Zu Entwicklungen in den achtziger Jahren vergleiche insbesondere Bergsdorf, Wolfgang, Über die Macht der Kultur. Stuttgart 1988, S. 94 f.
21) Auswärtiges Amt, Die Auswärtige Politik der Bundesrepublik Deutschland, Köln 1972, S. 115.
22) NATO Brief 1/1990, S.4, Tabelle 2.

23) siehe auch: Presse- und Informationsamt der Bundesregierung, Bulletin Nr.110/S.929 vom 26.9.1986 (zur KVAE in Stockholm); Bundesminister der Verteidigung, Der Abbau der Mittelstreckenflugkörper. In Bürgerinformation vom Juni 1988. Ronald Reagan, Erinnerungen, Berlin 1990.
24) Michail Gorbatschow, Perestroika,München 1987.
25) Karl Kaiser, Hans-Peter Schwarz (Hg.), "Weltpolitik" Strukturen-Akteure-Perspektiven, Bonn, 2. Auflage 1987, S. 365 ff.
26) Bundesministerium für wirtschaftliche Zusammenarbeit,Journalisten Handbuch Entwicklungspolitik 1982,S. 9f.
27) Statistisches Bundesamt (Hg.): Datenreport 1987, Bonn 1987, S.240 ff.
28) siehe; Bandini, Massimiliano, In: NATO Brief 5/1990, Die VSBM Verhandlungen in Wien: Bekenntnis zur Schaffung eines neuen militärischen Sicherheitssystem für Europa.
29) Bergsdorf, Wolfgang, Staatsziel Europa. In: Die politische Meinung, Nr. 37, August 1992. Auch Bundeszentrale für politische Bildung, Hoffnung auf ein neues Europa. In: Das Parlament, 30.11.1990.
30) Dem stimmt auch zu: Donanyi, Klaus v., Das deutsche Wagnis, München 1990, S.39ff.

Über den Verfasser

Dr.Ingo Ossendorff,M.A.ist Publizist in Bonn.Seit 1984 arbeitet er für verschiedene Zeitungen, Zeitschriften, Verlage und hält Vorträge. Er hat mehrere Bücher veröffentlicht, u.a.Dänemark im II.Weltkrieg(1990).Er ist mit Frau Dr.Alexandra Ossendorff verheiratet und hat zwei Kinder.

*Anhang*

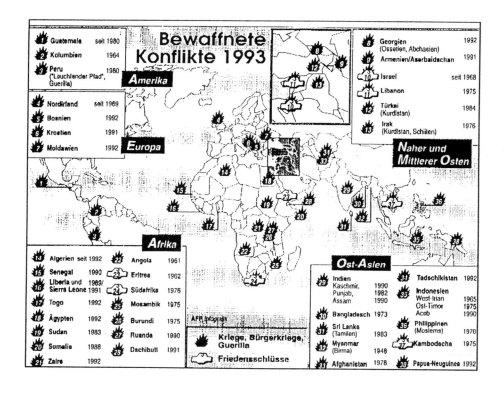

# Europäische Sicherheitsarchitektur der 90iger Jahre

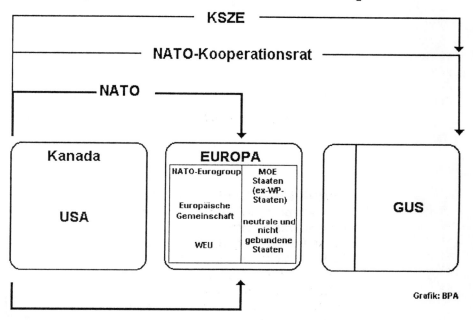

BIBLIOGRAPHISCHE NOTIZ

Erstentwürfe zu (Teil-) Kapiteln des Buches sind (nach jetziger Reihung),wie folgt,veröffentlicht worden:Kuba,Dreißig Jahre nach der Krise. In:Europäische Sicherheit 6/1992; Die Erklärung von Rio:Mehr Geld gleich mehr Umweltschutz? In:Europäische Sicherheit 8/1992; Lateinamerika im Kolumbusjahr.Europäische Sicherheit 11/1992: Kein Bergbau auf der Antarktis!Europäische Sicherheit 11/1991;Festung Falkland:Zehn Jahre danach.Europäische Sicherheit 4/1992;Friedensnobelpreis gegen Rassendiskriminierung.Europäische Sicherheit 2/1993;Welt im Wandel.Neue Handelszonen ersetzen alte Strukturen.Europäische Sicherheit 8/1993; Verantwortung Europas in der Karibik.Europäische Sicherheit 6/1994.

# Bulletin
## Vertrag
## über die Europäische Union
## Seine Majestät der König der Belgier,

Ihre Majestät die Königin von Dänemark,
Der Präsident der Bundesrepublik Deutschland,
Der Präsident der Griechischen Republik,
Seine Majestät der König von Spanien,
Präsident der Französischen Republik,
Der Präsident Irlands,
Der Präsident der Italienischen Republik,
Seine Königliche Hoheit der Großherzog von Luxemburg,
Ihre Majestät die Königin der Niederlande,
Der Präsident der Portugiesischen Republik,
Ihre Majestät die Königin des Vereinigten Königreichs Großbritannien und Nordirland,

ENTSCHLOSSEN, den mit der Gründung der Europäischen Gemeinschaften eingeleiteten Prozeß der europäischen Integration auf eine neue Stufe zu heben,

EINGEDENK der historischen Bedeutung der Überwindung der Teilung des europäischen Kontinents und der Notwendigkeit, feste Grundlagen für die Gestalt des zukünftigen Europas zu schaffen,

IN BESTÄTIGUNG ihres Bekenntnisses zu den Grundsätzen der Freiheit, der Demokratie und der Achtung der Menschenrechte und Grundfreiheiten und der Rechtsstaatlichkeit,
IN DEM WUNSCH, die Solidarität zvischen ihren Völkern unter Achtung ihrer Geschichte, ihrer Kultur und ihrer Traditionen zu stärken,

IN DEM WUNSCH, Demokratie und Effizienz in der Arbeit der Organe weiter zu stärken, damit diese in die Lage versetzt werden, die ihnen übertragenen Aufgaben in einem einheitlichen institutionellen Rahmen besser wahrzunehmen,

ENTSCHLOSSEN, die Stärkung und die Konvergenz ihrer Volkswirtschaften herbeizuführen und eine Wirtschafts- und Währungsunion zu errichten, die im Einklang mit diesem Vertrag eine einheitliche, stabile Währung einschließt,

IN DEM FESTEN WILLEN, im Rahmen der Verwirklichung des Binnenmarkts sowie der Stärkung des Zusammenhalts und des Umweltschutzes den wirtschaftlichen und sozialen Fortschritt ihrer Völker zu fördern und Politiken zu verfolgen, die gewährleisten, daß Fortschritte bei der wirtschaftlichen Integration mit parallelen Fortschritten auf anderen Gebieten einhergehen,

ENTSCHLOSSEN, eine gemeinsame Unionsbürgerschaft für die Staatsangehörigen ihrer Länder einzuführen,

ENTSCHLOSSEN, eine gemeinsame Außen- und Sicherheitspolitik zu verfolgen, wozu auf längere Sicht auch die Festlegung einer gemeinsamen Verteidigungspolitik gehört, die zu gegebener Zeit zu einer gemeinsamen Verteidigung führen könnte, und so die Identität und Unabhängigkeit Europas zu stärken, um Frieden, Sicherheit und Fortschritt in Europa und in der Welt zu fördern,

IN BEKRÄFTIGUNG ihres Ziels, die Freizügigkeit unter gleichzeitiger Gewährleistung der Sicherheit ihrer Bürger durch die Einfügung von Bestimmungen über Justiz und Inneres in diesen Vertrag zu fördern,

ENTSCHLOSSEN, den Prozeß der Schaffung einer immer engeren Union der Völker Europas, in der die Entscheidungen entsprechend dem Subsidiaritätsprinzip möglichst bürgernah getroffen werden, weiterzuführen,

IM HINBLICK auf weitere Schritte, die getan werden müssen, um die europäische Integration voranzutreiben,...

# Abkürzungen

| | |
|---|---|
| ABC-Waffen: | Atomar, bakteriell, chemisch |
| AKP: | Afrikanischer Gemeinsamer Markt |
| Apec: | Asiatischer Gemeinsamer Markt |
| Art.: | Artikel |
| AWACS: | Aufklärungssystem |
| BBC: | Britischer Radiosender |
| CARICOM: | Karibischer Gemeinsamer Markt |
| CO2: | Kohlendioxid |
| CSR (CSSR): | Tschechoslowakische Republik |
| DDR: | Deutsche Demokratische Republik |
| DNSAP: | Dänische Nationalsozialistische Partei |
| DNSAP -N: | DNSAP -Nordschleswig |
| EG(EWG): | Europäische Gemeinschaft |
| EGP: | Guerillaarmee der Armen |
| EVG: | Europ. Verteidigungsgemeinschaft |
| FAO: | Welternährungsorganisation |
| FCKW: | Fluor -Chlor - Kohlenwasserstoff |
| FMLN: | Nationale Befreiungsfront |
| G7: | Großen sieben Wirtschaftsmächte |
| GUS: | Gemeinschaft Unabhängiger Staaten |
| KSZE: | Konferenz für Sicherheit und Zusammenarbeit in Europa |
| MERCOSUR: | Südamerikanischer Gemeinsamer Markt |
| NAFTA: | Nordamerikanische Freihandelszone |
| NATO: | Nordatlantisches Bündnis |
| OAS: | Organisation amerikanischer Staaten |
| OECD: | Erdölexportierende Länder |
| OPEC: | Erdölproduzierende Länder |
| ORPA: | Guerilla-Organisation |
| OSS: | US-Amerikan.Teil des SHAEF |
| PGT: | Guerilla-Organisation |

| | |
|---|---|
| P-Plan: | Prince-Plan |
| SDI: | Verteidigungsinitiative der USA |
| SHAEF: | Hauptquartier der Alliierten |
| SOE: | Widerstandsorganisation |
| SPD: | Sozialdemokratische Partei Deutschland |
| SS: | Schutzstaffel |
| u.a.: | unter anderem |
| UdSSR: | Union der sozialistischen Sowjetrepubliken |
| UNCED: | UN Umweltorganisation |
| UNESCO: | Institut für erzieh.-, wissensch.-, kulturelle Zusammenarbeit |
| UNICEF: | UN Kinderhilfswerk |
| UNO (UN): | Vereinte Nationen |
| URNG: | Vereinigung der nationalen Revolution |
| USA: | Vereinigte Staaten von Amerika |
| WEU: | Westeuropäische Union |
| WWF: | World Wildlife Fund |
| z.B.: | zum Beispiel |